10시간 만에 끝내는
스피드 조직신학

믿음이란
한 알의 밀알이 땅에 떨어져 죽음으로 많은 열매를 맺음과 같이
진리의 열매를 위하여 스스로 죽는 것을 뜻합니다.
눈으로 볼 수는 없으나 영원히 살아 있는 진리와
목숨을 맞바꾸는 자들을 우리는 믿는 이라고 부릅니다.
「믿음의 글들」은 평생, 혹은 가장 귀한 순간에
진리를 위하여 죽거나 죽기를 결단하는
참 믿는 이들의, 참 믿는 이들을 위한, 참 믿음의 글들입니다.

10시간 만에 끝내는

스피드 조직신학

정성욱 지음

정성욱 박사께서 그의 조국인 한국의 독자들을 위해 조직신학에 관한 책을 출간하게 된 것을 매우 기쁘게 생각합니다. 저는 정 박사가 하버드 대학 신학부에서 정식으로 신학을 연구하기 시작한 이래로 줄곧 그와 교제를 해 왔습니다. 또 1996년부터 2000년까지 그의 박사과정 지도교수로 일했습니다. 정 박사는 제가 지도한 학생들 가운데서 가장 탁월한 학생 중 한 사람이었으며, 그의 기독교 신학에 대한 방대한 지식에 저는 큰 감명을 받았습니다. 그는 '존 칼빈에 대한 칼 바르트의 신학적 관계'에 대해서 연구했으며, 그의 박사학위 논문은 지난 2002년 피터랑 출판사를 통해 출간되었습니다. 정 박사의 이 저서는 신학계에 아주 시기적절한 공헌이었습니다.

그리고 지난 2003년, 정 박사께서 저의 50회 생일을 기념하는 신학 논문집을 편집·출간해 주신 것을 기쁘고 감사하게 생각합니다. 《알리스터 맥그래스와 복음주의 신학 : 역동적 논의》*Alister E. McGrath and Evangelical Theology: A Dynamic Engagement*라는 이 책은 영국의 파터노스터 출판사와 미국의 베이커 출판사를 통해 공동 출간되었습니다. 이 책은 12명의 세계적인 복음주의 신학자들이 기고한 신학 논문 모음집으로, 현대 복음주의 신학의 연구를 위해 아주 훌륭한 자료가 될 것입니다.

저는 지난 30년간 한국에서 복음주의적인 기독교가 왕성하게 발전하고 번영해 왔음을 잘 알고 있습니다. 한국은 이제 세계의 다른 어떤 나라들보다도 더 많은 선교사들을 해외에 파송하고 있습니다. 저는 하나님께서 그분의 나라와 영광을 위해서 한국 교회를 계속해서 축복하시고 사용해 주시기를 진심으로 소망합니다. 아울러 정 박사께서 신학자와 교회 지도자로서 한국 교회의 계속적인 번영에 크게 이바지할 것이라고 믿습니다.

수많은 독자들이 정 박사의 《10시간 만에 끝내는 스피드 조직신학》을 읽고, 신학적인 지식과 영적 갱신을 위하여 큰 도움을 얻게 되기를 소망합니다. 저는 정 박사의 이 책을 한국 그리스도인들에게 강력하게 추천합니다.

알리스터 맥그래스 옥스퍼드 대학 역사신학 석좌교수

차례

　《티타임에 나누는 기독교변증》을 읽고 도움을 받았다는 기쁜 소식을 그동안 많은 독자들에게서 전해 들었습니다. 그 중 몇몇 독자는 기독교 교리를 좀더 넓고 깊게 다룬 조직신학 책이 출간된다면 더욱 큰 도움이 되리라고 조언해 주었습니다. 전문적으로 신학을 연구한 한 사람으로서, 저는 평소 평신도와 주일학교 교사들이 복음의 진리를 쉽게 이해하도록 돕고 싶은 소망을 품고 있었습니다. 저의 이러한 소망과 독자들의 바람이 이 책을 쓰게 했습니다. 하나님의 거룩한 진리를 밝히 이해하는 데 부디 이 책이 조금이나마 도움이 될 수 있기를 바랍니다.

　조직신학을 이해하기 위해서는 조직신학이 무엇이고 왜 공부해야 하는지를 질문하고 해답을 얻어야 합니다. 그러려면 일단 신학이 무엇을 뜻하는지 이해해야 합니다. 신학이 무엇인지 알아야 조직신학이 무엇인지를 이해하기가 쉽기 때문입니다. '신학'神學은 '신'神과 '학'學 두 글자를 합쳐서 만든 한자어로서, '신'은 '하나님' 또는 '절대자'를 가리키고, '학'은 '배운다'는 뜻을 가지고 있습니다. 따라서 '신학'은 '하나님을 배우는 것' 또는 '하나님에 대한 배움'이라고 정의할 수 있습니다. 결국 하나님이 어떠한 분인지, 하나님이 무슨 일을 하시는지 그리고 하나님이 우리에게 무엇을 요구하시는지에 대하여 배우는 것이 신학입니다.

신학이라는 말을 이렇게 이해하면, 우리는 몇 가지 큰 오해에서 벗어날 수 있습니다. 먼저 신학은 대학 이상의 지적 능력을 가진 사람들만이 연구할 수 있는 어려운 학문이라는 오해입니다. 이러한 오해는 너무나 널리 퍼져 있습니다. 하지만 앞에서 우리가 이해한 것과 같이, 신학이 하나님을 배우는 것이라면, 신학은 유치원 아이들도 할 수 있는 일입니다. 어린 아이들도 교회에 나와서 예배를 드리고 주일학교의 성경 학습을 통해서 하나님을 배울 수 있으며 배우고 있기 때문입니다. 또 신학은 나이 드신 할아버지들이나 할머니들도 할 수 있는 일입니다. 할아버지들이나 할머니들도 교회에 나와 예배드리고 성경공부와 기도와 찬양을 통해서 하나님을 계속 배우고 있기 때문입니다. 그러므로 신학을 하기 위해서는 대학 이상의 지적 능력을 소유해야 한다는 것은 오해에 불과합니다.

아울러 신학은 어려운 학문이라는 오해도 널리 퍼져 있습니다. 물론 전문적으로 신학을 연구하는 학문 분야가 있는 것이 사실입니다. 이런 전문적 연구를 위해서는 히브리어나 헬라어와 같은 성경의 원어와 영어·독어 같은 현대 외국어를 공부해야 합니다. 그리고 일정한 정도의 교육적·지적 배경과 재능이 요구됩니다. 하지만 신학을 전문적인 학문 분야로만 이해하는 것은 신학의 근본정신을 철저히 왜곡하는 일입니다. 전문적으로 신학을 연구하는 사람들이 있긴 하지만, 모든 그리스도인은 하나님을 배우는 일, 즉 신학 하는 일에 부름 받았기 때문입니다. 말하자면 하나님을 배워서 하나님이 어떠한 분임을 알고 하나님의 뜻에 순종하는 삶을 살도록 우리 모두가 부름 받은 것입니다. 따라서 신학은 어려운 학문 분야이기 전에, 모든 그리스도인에게 열려 있는 삶의 방식이어야 하며 배움의 과정인 것입니다.

그렇다면 조직신학은 무엇일까요? 신학이라는 말 앞에 붙은 '조직' 組織이라는 단어 때문에 겁먹을 필요는 없습니다. '조직'이라는 말은 영어 '시스터매틱' systematic이라는 형용사를 옮긴 것으로 '조직적인' 또는 '체계적인'이라는 뜻을 가지고 있습니다. 이를 좀더 이해하기 쉬운 말로 바꾸면 '질서 정연한' '순서와 절차를 따라 잘 짜여진' '짜임새 있는'쯤으로 표현할 수 있습니다. 결국 조직신학이란 하나님의 말씀인 성경을 통하여 하나님에 대하여 배운 내용을 질서 정연하게 설명하는 일, 또는 하나님에 대한 지식을 짜임새 있게 순서와 절차를 따라 잘 배열하는 일을 뜻합니다.

옛날에는 '조직신학' 대신에 '교리신학' '교의신학' '교의학'이라는 말을 사용했습니다. 여기서 '교리'나 '교의'라는 말은 '가르침의 진리'를 뜻합니다. 기독교는 무엇을 가르치며 무엇에 대한 진리를 가르칩니까? 기독교는 삼위일체 하나님에 대하여 가르치며, 예수 그리스도의 복음을 가르칩니다. 따라서 '교리신학'이나 '교의신학'이라는 말은 하나님에 대하여 배운 진리를 가르치는 일로 정의할 수 있습니다.

지금까지 살핀 내용을 통해서 우리는 다음과 같은 결론을 얻을 수 있습니다. 조직신학이란 하나님에 대하여 배운 내용, 즉 하나님에 대한 진리와 가르침을 질서 있고 짜임새 있게 배열하는 것입니다. 하나님에 대한 가르침을 짜임새 있게 배열하기 위하여 조직신학은 보통 몇 가지 중요한 주제를 활용합니다. 예를 들어, 하나님 · 인간 · 구원 · 교회 등입니다. 이러한 주제들은 성경의 가르침을 일목요연하게 정리하는 데 도움을 줍니다.

이 책은 1차적으로 주일학교 교사와 청년 리더, 제직들을 염두하고 있습니다. 조직신학 내용 가운데 10개의 주제를 특강 형식으로 구성했는데, 이는 조직신학을 너무 방대하고 어렵다고 생각하는 분들이 많기 때문입니다. 이 책이 다루게 될 10개의 주제는 하나님, 사람과 죄, 하나님의 구원 역사, 예수 그리스도, 보혜사 성령, 구원, 교회, 그리스도인의 윤리적 삶, 역사와 종말, 이단과 다른 종교들입니다. 딱딱하고 어렵게 느낄 수 있는 교리를 가상의 강의와 질문과 답변 형식을 통해 쉽게 이해할 수 있도록 구성해 보았습니다. 그리고 각 장마다 어려운 신학적 용어들에 대한 해설과 좀더 깊은 연구와 토론을 위한 질문들을 실었습니다. 이 책 한 권이면 주일학교 교사나 청년 리더, 제직들이 꼭 알아야 할 기독교의 기본 교리를 마스터할 수 있을 것입니다.

저는 이번에 함께 참여하는 조직신학 특강을 통해서 많은 분들이 거룩하시고 사랑 많으신 하나님에 대하여 더 깊고 넓게 배울 수 있기를 간절히 소원합니다. 이러한 배움의 과정을 통하여 예수님을 믿고 하나님을 사랑하며 사는 것이 얼마나 값지고 존귀한 일인지 절실하게 깨닫게 되었으면 좋겠습니다. 또 우리가 누리고 있는 행복의 가치를 깨닫고, 우리 주위의 이웃들과 자녀들에게 하나님의 사랑과 예수님의 은혜와 성령님의 거룩하신 역사를 알려 주는 의무를 신실하게 잘 감당할 수 있게 되기를 바랍니다.

2005년 7월 초하루
미국 콜로라도 주 덴버 신학대학원에서

하나님에 대하여 특강 1

여러분, 안녕하세요? 만나 뵙게 되어서 기쁩니다. 주로 신학교에서 학생들을 가르치다가 이렇게 다양한 연령대의 다양한 분들과 조직신학 이야기를 하게 되니 그 어느 때보다 기대가 됩니다. 이번 특강은 일방적으로 강의하기보다는 여러분의 의견을 들으면서 진행하려고 합니다. 이해가 잘 안 되거나 궁금한 점이 있으면 손을 들어 말씀해 주십시오.

조직신학 특강 첫 번째 시간인 오늘은 기독교 신학의 모든 주제들 중에서 기초와 뿌리에 해당하는 주제, 즉 하나님에 대하여 다루고자 합니다. 따라서 '하나님은 어떠한 분인가?' 라는 질문이 오늘 특강의 화두가 되겠습니다. 그런데 하나님이 어떤 분인지 다루기 전에 먼저 제기해야 할 질문이 있습니다. 그것은 '하나님의 존재하심을 우리가 어떻게 알 수 있을까?' 하는 것입니다. 우선 이 문제를 다루고 나서 본격적으로 하나님의 본질과 속성에 대해서 설명드리겠습니다.

하나님의 존재하심을 어떻게 알 수 있을까?

'하나님은 과연 존재하시는가?'라는 물음은 기독교 신학과 신앙의 뿌리가 됩니다. 만일 하나님이 존재하신다면 하나님에 대하여 배우는 신학 작업은 의미 있는 일이지만, 하나님이 존재하시지 않는다면 우리가 하고 있는 신학 작업은 시간과 노력을 낭비하는 일에 불과할 것입니다. 우리 기독교 신앙은 '하나님은 정말 존재하신다'는 믿음에 뿌리를 박고 있기 때문입니다. 하나님께서 존재하신다는 믿음은 기독교 신앙의 흔들리지 않는 기초입니다.

우리 눈에 보이지 아니하시고, 우리 귀에 들리지 아니하시며, 우리 손으로 만질 수 없는 하나님이 정말로 계시다는 것을 어떻게 확실하게 알 수 있을까요? 여러분들도 교회생활을 하면서 들어본 적이 있겠지만, 우리는 하나님의 '계시'를 통해서 하나님께서 존재하신다는 사실을 압니다. '계시'啓示는 헬라어 '아포칼립시스'apocalypsis를 한자어로 옮긴 것으로, 그 뜻을 풀면 '열어서[啓] 보여 준다[示]'는 의미입니다. 즉, 우리 눈으로 볼 수 없는 하나님께서 참으로 존재하신다는 사실을 우리가 알 수 있는 유일한 길은, 하나님께서 자신을 열어 보여 주시는 '계시'를 통해서입니다. 계시는 하나님께서 우리를 향해 '나는 정말 존재한단다' '나는 이러이러한 본질과 성품을 가진 존재란다'라고 자신을 열어서 보여 주는 것을 의미합니다. 우리는 오직 하나님의 자기 계시를 통해서만 하나님께서 참으로 존재하신다는 사실을 알 수 있고, 하나님이 어떤 분인지 알 수 있습니다.

그렇다면 하나님께서는 자신을 어떻게 계시하셨을까요? 하나님께서는 대체로 두 가지 방법으로 자신을 계시하셨는데, 하나는 '초자연적인 방법'이고 다른 하나는 '자연적인 방법'입니다. 여기서 초자연적이라는 말은 자연법칙과 인간의 상식을 초월한다는 의미입니다. 예를 들어, 이스라엘 백성을 애굽으로부터 해방시키실 때 홍해가 갈라지게 하신 하나님의 역사는 바다는 갈라질 수 없다는 자연법칙과 인간의 상식을 초월한 사건이었습니다. 하나님께서는 홍해가 갈라지는 초자연적인 사건을 통해서 당신의 전능하신 능력을 계시하셨습니다.

 교수님, 자연적인 방법에 의한 계시는 무엇인가요?

자연적이라는 말은 자연법칙과 인간의 상식에 일치하는 것을 의미합니다. 예를 들어, 봄·여름·가을·겨울 이 네 계절이 순환하는 것은 자연법칙에 속합니다. 하나님께서는 사계절의 순환이라는 자연적인 사건을 통해서 그분이 질서를 존중하시는 분임을 계시하십니다. 하나님의 자기 계시는 방법상 '초자연적 계시'와 '자연적 계시'로 나눌 수 있습니다.

한편 하나님의 자기 계시는 성격상 두 가지로 나뉩니다. 하나는 하나님을 믿는 사람과 믿지 않는 사람을 포함한 모든 사람에게 열려 있는 의미에서의 '일반적·보편적 계시'이고, 다른 하나는 오직 하나님을 믿는 사람들을 구원하시기 위해 주어진 계시라는 의미에서의 '특별한·특수한 계시'입니다. 다윗은 "하늘이 하나님의 영광을 선포하고 궁창이 그 손으로 하신 일을 나타내는도다"^{시 19:1} 라고 노래합니다. 사도 바울은 "창세로부터 그의 보이지 아니하는 것들 곧 그의 영원하신 능력과 신성이 그 만드신 만물에 분명히 보여 알게 되나니"^{롬 1:20} 라고 선언합니다. 다윗과 바울의 말을 종합하면, 하나님께서는 우주 만물을 통해서 그분의 존재하심을 계시하고, 그분의 영광과 능력과 신성을 보여 주신다는 것입니다. 종교 개혁자 존 칼빈John Calvin, 1509-64은 "우주 만물은 믿는 사람과 믿지 않는 사람 모두에게 하나님을 보여 주는 하나님의 영광의 극장이요 거울이다"라고 말했는데, 이것은 일반 계시에 대한 매우 적절한 표현입니다.

하늘에 떠 있는 해와 달, 밤마다 아름답게 반짝이는 수많은 별들, 우주 만물의 질서정연한 조화와 아름다움 그리고 인간의 몸이 보여 주는 신비로운 조화와 움직임 등을 통해서 사람은 이 우주 만물을 창조하신 조물주가 존재하신다는 인식을 어렴풋이 갖게 됩니다. 이런 의미에서 우주 만물은 하나님의 일반적이고 보편적인 계시의 도구입니다.

> 우주 만물을 바라보고 하나님을 알게 되었다고 해서 구원에 이를 수 있을까요? 우주 만물이 우리에게 십자가의 도를 가르쳐 줄 수는 없는 거 아닌가요?

일반 계시는 구원에 이르게 하는 계시가 되지 못합니다. 사람이 우주 만물을 아무리 주의 깊게 살피고 연구한다 하더라도 십자가 대속의 진리를 깨달을 수는 없기 때문이죠.

구원에 이르기 위해서는 일반적 · 보편적 계시 이외에 다른 계시가 필요합니다. 여러분도 아시다시피 예수 그리스도의 십자가와 부활 사건은 죄인을 구원하시기 위한 하나님의 구원 역사의 클라이맥스였습니다. 그리고 예수님의 십자가와 부활의 참된 의미는 오직 예수 그리스도를 믿고 구원 얻을 사람들에게만 열려 있습니다. 이런 의미에서 그리스도의 십자가와 부활은 특별하고 특수한 계시에 속합니다. 그리스도의 십자가와 부활의 참된 의미를 깨달은 사람만이 그 사건을 통해 자신을 계시하신 하나님을 보고, 알 수 있으며, 그렇게 알게 된 하나님을 믿고 구원을 얻기 때문입니다.

일반 계시가 하나님의 존재에 대해서 어렴풋하게나마 알려 주긴 하지만, 특별 계시 없이는 결코 죄인을 구원하시려는 하나님의 뜻을 알 수 없으며 특별한 계시만이 우리에게 구원의 길을 가르쳐 줍니다.

성경과 계시의 관계

 그렇다면 성경과 계시는 어떤 관계인가요? 성경은 하나님께서 선지자들과 예수 그리스도와 사도들을 통하여 우리에게 말씀하신 내용을 기록한 책이라고 알고 있는데요?

히브리서 기자는 히브리서 1장 1, 2절에서 이렇게 선언하고 있습니다.

"옛적에 선지자들로 여러 부분과 여러 모양으로 우리 조상들에게 말씀하신 하나님이 이 모든 날 마지막에 아들로 우리에게 말씀하셨으니."

이 구절의 의미는 하나님께서 그분의 선지자와 아들을 통해 주신 말씀으로 그분의 존재와 성품과 사역을 계시하셨다는 것입니다. 성경은 하나님의 말씀을 받아 기록하였기에 하나님의 계시의 책입니다. 동시에 성경을 통해서만 우리가 구원에 이르는 길을 알게 되기에 성경은 '특별한' 계시의 책이기도 합니다.

사도 바울은 디모데에게 "성경은 능히 너로 하여금 그리스도 예수 안에 있는 믿음으로 말미암아 구원에 이르는 지혜가 있게" ^{딤후 3:15하} 한다고 했습니다. 결국 하나님께서 사람에게 말씀하시는 행위는 곧 그분을 계시하시는 행위이며, 따라서 기록된 하나님 말씀인 성경은 구원에 이르게 하는 특별 계시의 기록입니다.

그리고 성경이 하나님의 말씀인 또 다른 중요한 이유가 있습니다. 그것은 사도 바울이 증거한 대로 "모든 성경은 **하나님의 감동으로 된 것**"이기 때문입니다^{딤후 3:16}. "하나님의 감동"은 헬라어 '테오프뉴스토스' *theopneustos, God-breathed*를 번역한 것으로, '하나님의 숨결이 담겨져 있다'는 뜻입니다. 성경은 하나님의 숨결인 성령님께서 여러 기자들에게 신적인 영감을 주셔서 기록했기 때문에 하나님의 말씀입니다. 성경을 하나님의 말씀이게 하는 근본적인 이유 중의 하나는 성경이 하나님의 감동으로 기록되었다는 사실이지요.

성경은 40여 명의 다양한 기자가 1,600년이란 오랜 기간 동안 기록했지만, 한 분 하나님이 그 저자가 되십니다. 그래서 창세기부터 요한계시록까지 하나의 거대한 드라마를 보여 줍니다. 그 드라마의 내용은 창조─타락─구원─완성의 과정을 통해 하나님께서 하나님의 나라 곧 예수 그리스도의 나라를 세워 가신다는 것입니다. 성경은 다양한 기자들이 기록했고 다양한 역사·문화적 배경을 갖고 있지만 한 가지 통일된 메시지와 주제를 담고 있습니다. 다양성 안에서 통일성을 그리고 통일성 안에서 다양성을 보여 줍니다.

 성경을 정경이라는 말로도 표현하던데, 정경이란 무슨 뜻이죠?

'정경' ^{canon}이라는 말은 헬라어 '카논' ^{kanon}에서 왔는데, 원래 '표

준'이나 '잣대'를 의미했습니다. 이 말이 성경에 적용되어, 로마 가톨릭
교회는 구약 46권 신약 27권 총 73권을 믿음과 행위의 표준 즉 정경으로
받아들인 반면, 복음적 개신교회는 구약 39권과 신약 27권 총 66권만을
하나님의 말씀 곧 정경으로 받아들였습니다. 이것은 가톨릭과 개신교가
정경을 구성하는 기준들에 대하여 다른 입장을 가지고 있기 때문입니
다.

  신약의 정경을 구성하는 기준 면에서 개신교는 가톨릭과 동일한 입장
을 가지고 있습니다. 하지만 구약의 경우 개신교는 유대교가 정경으로
받아들인 39권만이 구약 정경의 자격이 있다고 보는 반면, 가톨릭은 유
대교의 정경 이외에 몇 가지 다른 책들을 받아들이지요. 개신교에서는
이런 책들을 '외경'^{外經}이라고 부르고, 윤리적인 면에서는 도움이 되더라
도 기독교의 교리를 규정하는 표준으로는 받아들이지 않습니다.

 성경은 크게 구약과 신약으로 나뉘는데, 구약과 신약을 구별해서 설
  명해 주세요.

  '구약'^{舊約}은 '오래된 옛날의 약속' 또는 '오래된 언약'이란 뜻이
고, '신약'^{新約}은 '새로운 약속' 또는 '새로운 언약'이란 뜻입니다. 구약은
모세오경 · 역사서 · 성문서^{시가서} · 선지서^{예언서}로 나눠지고, 신약은 복음
서 · 역사서 · 서신서 · 예언서로 나뉩니다. 구약과 신약은 서로 유기적
인 관계에 있는데, 구약은 죄인을 구원하고 하나님 나라를 세우실 메시
아가 오실 것이라는 약속과 예언의 내용이고 신약은 메시아가 오실 것
이라는 약속과 예언이 성취된 내용입니다. 약속은 그 약속이 성취되어
야 참 약속이 되고 예언은 그 예언이 성취되어야 참 예언이 되는데, 구약

의 내용이 신약에서 성취되었기에 신약은 구약을 참된 것으로 입증해 줍니다. 한편, 어떤 약속과 예언이 성취되었다는 것은 그 약속과 예언이 미리 주어졌음을 의미하기에, 구약은 신약의 성취를 참된 것으로 확증해 줍니다. 따라서 구약과 신약은 유기적으로 서로를 확증해 주는 관계 속에 있습니다. 구약과 신약을 서로의 관련성 속에 읽어야 하는 이유가 여기에 있습니다. 정리하면, 구약은 주로 약속과 예언의 책이고, 신약은 주로 성취의 책이라는 말씀입니다.

성경이 우리를 구원에 이르게 하는 특별 계시의 책이라고 하셨지요? 그렇다면 구약이 가르치는 구원관과 신약이 가르치는 구원관에 차이는 없는지요?

아주 날카로운 지적입니다. 우리가 여기서 꼭 기억해야 할 것은 구약 역시도 하나님의 은혜로 말미암아 믿음으로 구원 얻음을 신약과 동일하게 가르치고 있다는 사실입니다. 창세기 15장 6절에 보면, 아브라함이 하나님의 인격과 약속을 믿으매 하나님께서 그것을 의로 여기셨다고 합니다. 이 말씀은 결국 아브라함이 자신의 행위로 구원받아 하나님과의 바른 관계를 맺게 된 것이 아니라, 하나님의 은혜로운 약속을 믿고 신뢰함으로 구원을 받았다는 것입니다. 사도 바울은 로마서 4장 1절에서 5절에서 이 사실을 더 자세히 증거하고 있습니다.

"그런즉 육신으로 우리 조상 된 아브라함이 무엇을 얻었다 하리요 만일 아브라함이 행위로써 의롭다 하심을 얻었으면 자랑할 것이 있으려니와 하나님 앞에서는 없느니라 성경이 무엇을 말하느뇨 아브라함이 하나님을 믿으매 이것이 저에게 의로 여기신 바 되었느니라 일하는 자에게는 그 삯을 은혜로 여기지 아니하고 빚으로 여기거니와 일을 아니할지라도 경건치 아니한 자를 의롭다 하시는 이를 믿는 자에게는 그의 믿음을 의로 여기시나니."

바울은 이 말씀을 통해서 구약의 구원관과 신약의 구원관이 완전히 동일한 것임을 천명하고 있습니다. 죄인은 오직 하나님의 은혜로 인하여 믿음으로 말미암아 의롭다 함을 얻고 구원을 얻게 된다는 것입니다. 계시와 성경에 대해서는 이제 웬만큼 정리한 것 같은데, 좀더 알고 싶은 것이 있으면 질문하시기 바랍니다.

 하나님이 어떤 분인지에 대해서 성경은 어떻게 가르치는지 설명해 주십시오.

하나님은 어떤 분인가?

여러분들이 생각하기에 모든 다른 피조물들로부터 구별되는 하나님의 본질에는 어떤 것들이 있을까요? 하나님을 하나님 되게 하는, 모든 피조물과 하나님을 구별되게 하는 본질은 뭘까요? 그것은 바로 하나님은 영이시라는 사실입니다. 예수님은 수가 성 우물가에서 한 여인에게 이렇게 말씀하십니다.

"하나님은 **영**이시니 예배하는 자가 신령과 진정으로 예배할지니라"요 4:24.

예수님은 분명히 하나님의 본질이 "영"이라고 밝히십니다. 모든 피조물과 하나님을 구별하는 본질은 하나님이 영적인 존재라는 사실입니다.

하지만 교수님, 피조물인 천사들도 영적인 존재이지 않습니까? 그렇다면 하나님과 천사들을 구별해 주는 근본 차이는 뭔가요? 그리고 사실은 사람도 영적인 존재 아닌가요? 사람이 몸이라는 물질적 요소를 가지고는 있지만 영적인 존재인 것은 분명하니까요. 그렇지 않나요?

하나님이 영이시라는 사실은 하나님께는 물질적 요소가 없으시다는 것을 가르쳐 줍니다. 그리고 우리 눈으로 보거나 손으로 만질 수 없는 분이라는 것도 가르쳐 줍니다. 하지만 피조물인 천사들도 영적인 존재이며 사람들이 볼 수 없는 존재라는 사실을 기억한다면, 하나님이 영이시라는 사실이 하나님을 모든 피조물과 구별해 주는 단 한 가지 본질이라고 말하기는 어렵습니다.

하나님을 모든 피조물과 구별되게 하는 더 큰 본질은 하나님이 피조되신 분이 아니라는 사실, 즉 하나님은 스스로 계신self-existent 분이라는 사실이 아닐까 생각합니다. 하나님께서 모세를 부르실 때 자신을 "나는 스스로 있는 자니라" 출 3:14 라고 소개하셨듯이 말입니다. 하나님은 스스로 계시는 분이기에 어떤 다른 존재에 의존하시거나 그 존재에 의해 방해를 받지 않으시는 절대자이시며, 모든 존재의 배후에 계시는 궁극적 실재the ultimate reality가 되십니다. 즉, 하나님의 자존성이 하나님과 피조물을 구별해 주는 근본적인 차이점 중 하나이지요.

하나님의 자존성과 더불어 하나님의 자충족성도 하나님과 피조물을 구별해 줍니다. 사도 바울은 사도행전 17장 24, 25절에서 하나님을 이렇게 묘사합니다.

"우주와 그 가운데 있는 만유를 지으신 신께서는 천지의 주재시니 손으로 지은 전에 계시지 아니하시고 또 무엇이 부족한 것처럼 사람의 손으로 섬김을 받으시는 것이 아니니 이는 만민에게 생명과 호흡과 만물을 친히 주시는 자이심이라."

하나님은 부족함이 없으십니다. 스스로 충족하신self-sufficient 분입니다. 피조물 편에서 하나님께 무엇을 더해 드리거나 부족함을 채워 드릴 수 없습니다. 하나님은 그분 이외의 모든 존재를 창조하신 만유의 주요 통치자이십니다.

지금까지의 내용을 종합해 보면, '하나님은 스스로 계시고 스스로 충족하신 영으로서 모든 만물을 지으시고 다스리시는 궁극적 실재'라고 정의할 수 있습니다. 디모데전서 1장 17절에서 사도 바울은 하나님을 "만세의 왕 곧 썩지 아니하고 보이지 아니하고 홀로 하나이신 하나님"이라고 묘사하고 있습니다. 이어서 6장 15, 16절에서는 "하나님은 복되시고 홀로 한 분이신 능하신 자이며 만왕의 왕이시며 만주의 주시요 오직 그에게만 죽지 아니함이 있고 가까이 가지 못할 빛에 거하시고 아무 사람도 보지 못하였고 또 볼 수 없는 자"이시라고 말하고 있습니다. 이 두 구절을 통해서도 하나님의 본질에 대한 바른 이해를 얻을 수 있습니다.

하나님의 자존성, 자충족성과 더불어 하나님의 항상성constancy과 불변성immutability 역시 하나님과 피조물을 구별해 주는 본질입니다. 디모데전서 1장 16절은 하나님의 썩지 아니하심, 즉 하나님의 항상성과 불변성을 가르치고 있습니다. 다른 피조물들, 특히 타락한 이 세상에서 살아가는 피조물들은 변하고 썩어 갑니다. 그러나 하나님은 항상 동일하신 분으로 존재하시고, 변하지 아니하시며, 썩지도 아니하십니다. 이와 비슷한 말씀이 디모데전서 6장 16절에도 나옵니다.

"오직 그에게만 죽지 아니함이 있고."

이 말씀은 타락한 세계에서 생명을 가지고 살아가는 모든 피조물은

다 죽게 되지만 하나님은 죽지 아니하시고 영원히 살아 계시는 분임을 가르치고 있습니다. 즉, 하나님의 영원하심 역시 피조물과 하나님을 구별해 주는 특질이 된다는 것이죠.

 교수님께서 말씀하신 하나님의 자존성, 자충족성, 불변성, 영원성 이 외에 하나님과 피조물을 뚜렷하게 구별해 주는 본질이 더 있을 것 같은데요?

그것은 사도행전 17장 28절 말씀, "우리가 그를 힘입어 살며 기동하며 있느니라"라는 구절과 관련되어 있습니다. 하나님께서 우주 만물을 다 지으셨다는 사실과, 사람들과 다른 생명 있는 모든 피조물이 하나님을 힘입어 살며, 기동하며 존재한다는 사실은 하나님의 광대하심 혹은 하나님의 무한하심을 가르쳐 줍니다. 그러니까 하나님은 어떤 피조물보다 무한히 크시다는 말씀입니다.

특히 하나님의 광대하심과 관련해서 복음주의 신학자들은 하나님의 무한하신 능력 즉 전능하심omnipotence과, 하나님의 무한하신 지식 즉 전지하심omniscience, 그리고 시공을 초월하시는 무소부재성omnipresence 등을 강조해 왔습니다. 하나님의 지식은 한계가 없이 크셔서 모든 것을 다 아십니다. 하나님의 능력은 한계가 없는 전능한 권능입니다. 하나님은 모든 곳에 동시에 계실 수 있는 분입니다. 이에 비해 인간은 단지 유한한 지식, 유한한 능력을 가지고 시간과 공간에 제한을 받고 살아가는 존재에 불과합니다.

자, 이 정도면 하나님만이 소유하고 계시는 하나님의 본질적 특성에 대해서는 충분히 설명이 된 것 같은데, 어떤가요?

자존하시고, 자충족하시고, 불변하시고, 영원히 살아 계시고, 전능하시고, 전지하시고, 무소부재하시고, 무한하시고, 절대 주권을 가진 영이신 하나님이 어떤 '성품'을 가지고 계시는지에 대해서는 충분히 말씀해 주시지 않은 것 같습니다.

말씀을 듣고 보니, 제가 아는 어떤 분이 던진 질문이 생각나네요. 그분 말씀은 "만일 그토록 크고 위대하신 하나님이 선하신 분이 아니고 악하신 분이라면, 그래서 피조물을 선대하시는 분이 아니라 자신의 이기적인 욕망에 따라 억압하고 착취하는 분, 변덕스럽고 잔인한 분이라면, 이 세계와 인간의 운명은 어떤 모습일까?" 하는 것이었습니다.

성경은 이 세상을 창조하시고 다스리시는 절대주권자 하나님이 선하신 분이라고 가르치고 있습니다. 이것이 얼마나 다행스러운 일인지 모릅니다. 만일 하나님이 선하신 분이 아니라면, 이 세상은 정말 무시무시한 세상이 되었을 것이고 우리의 삶 또한 아주 절망적인 삶이 되었을 겁니다. 그러나 하나님은 선하신 분이기에 타락한 이 세상도 여전히 살 만한 곳이고, 타락한 사람들도 여전히 사랑할 만한 사람들로 남아 있지요. 타락의 심각한 결과들을 세계 곳곳에서 발견할 수 있지만, 선하신 하나님의 자취들도 세계 구석구석에서 찾아볼 수 있습니다. 하나님의 성품에 대하여 성경이 가장 근본적으로 강조하는 것은 바로 하나님의 선하심입니다.

우리는 여기서 하나님의 선하심이라는 성품을 크게 두 가지 범주로 나눠 볼 수 있습니다. 하나는 '하나님의 거룩하심'이고, 다른 하나는 '하나님의 사랑'입니다. 이 두 가지 성품 모두 하나님의 선하심에 기초하고, 하나님의 선하심과 조화됩니다. 이것을 좀더 확대하면, 하나님의 의로우심righteousness, 공의로우심justice, 진실하심truthfulness, 신실하심faithfulness 등은 하나님의 거룩하심과 연결되고, 하나님의 은혜grace와 자비benevolence, 긍휼mercy과 용서forgiveness, 인내patience 등은 하나님의 사랑과 연결됩니다.

우리는 신구약 성경 전체에서 하나님의 거룩하심에 대해 강조하는 것을 보게 됩니다. 18세기 미국의 청교도 신학자 조나단 에드워즈Jonathan Edwards, 1703-58는 하나님의 거룩성이 바로 하나님의 영광스러운 아름다움의 본질이라고 주장했습니다. 그리고 이 거룩성은 하나님의 도덕적 탁월성moral excellence을 의미한다고 보았습니다. 저는 에드워즈의 이러한 주장에 동의합니다. 하박국 선지자는 하박국 1장 13절에서 "주께서는 눈이 정결하시므로 악을 참아 보지 못하시며 패역을 참아 보지 못하시거늘"이라고 말하고 있습니다. 이는 하나님의 거룩하심이 바로 도덕적인 순결성과 일치되는 성품임을 말하고 있습니다.

 그러면 교수님은 하나님의 거룩하심과 의로우심과 공의로우심의 관계를 어떻게 보십니까?

대단히 중요한 질문입니다. 하나님의 거룩하심은 하나님께서 내적으로 가지고 계신 성품이고, 하나님의 의로우심은 하나님께서 사람과 관계를 맺으실 때 드러난다고 생각합니다. 특히 하나님의 의로우심은 하나님의 율법과 관계가 있습니다. 율법은 하나님의 성품을 참되게 표현한 것이기 때문에, 하나님께서는 그 율법을 존중하시며 율법에 일치한 것만을 행하십니다. 따라서 하나님의 성품의 표현인 율법에 일치하는 것을 '의'義라고 말할 수 있습니다.

그렇다면, 의와 공의는 어떤 관계가 있을까요? 하나님의 공의는 하나님께서 그분의 나라를 다스리실 때 하나님의 의로우신 법을 따라 통치하시고 심판하시는 '공적인 의'official righteousness를 의미합니다. 특히 심판자로서 당신의 법을 집행하시는 하나님의 의로우심과 깊은 관련이 있지요. 다시 말하면, 하나님의 거룩하심, 의로우심, 공의로우심이 본질 면에서 같지만 그것이 어떻게 표현되고 드러나느냐에 따라 조금씩 차이가 납니다.

하나님의 거룩하심은 하나님의 진실하심 그리고 신실하심과도 연관이 있습니다. 하나님은 참되시고 진실하셔서 거짓되실 수 없고, 거짓말을 하실 수 없다고 성경은 반복적으로 선포합니다.

"이스라엘의 지존자는 거짓이나 변개함이 없으시니" 삼상 15:29.

"······이 영생은 거짓이 없으신 하나님이 영원한 때 전부터 약속하신 것인데" 딛 1:2.

"이는 하나님이 거짓말을 하실 수 없는 이 두 가지 변치 못할 사실을 인하여······" 히 6:18.

"하나님은 인생이 아니시니 식언치 않으시고 인자가 아니시니 후회가 없으시도다 어찌 그 말씀하신 바를 행치 않으시며 하신 말씀을 실행치 않으시랴" 민 23:19.

참되시고 진실하신 하나님은 맹세와 약속을 반드시 지키시는 신실하신 하나님이십니다. 성경 전체에 걸쳐서 하나님의 신실하심은 반복적으로 강조되고 있습니다. 특히 성경은 하나님께서 자신의 약속들에 철저하게 신실하신 분임을 보여 주고 있습니다.

 요즈음 하나님의 사랑을 지나치게 강조함으로써 하나님의 거룩하심과의 조화와 균형을 잃는 분들이 많은 것 같은데, 하나님의 사랑에 대한 바른 이해는 어떠해야 하나요?

하나님이 사랑이 많으신 분인 것은 분명하지만 그 사랑이 하나님의 거룩하심과 의와 공의를 무시하는 방식으로 이해되고 강조된다면 큰 문제가 생깁니다. 하나님의 사랑은 여러 가지로 정의 내릴 수 있지만, 우선 하나님께서 피조물의 유익을 위하여 자신을 주시려는 마음과 행위로 정의할 수 있습니다. 사랑은 자신을 주고, 자신의 것을 나누고, 자신을 타인의 유익을 위하여 희생하는 것입니다. 하나님의 사랑에서 자비와 은혜와 긍휼과 용서와 인내가 나오죠.

하나님의 자비란 그분이 사랑하시는 사람들의 행복에 대한 관심을 뜻하고, 하나님의 은혜란 사람들의 공로나 자격이나 어떤 조건과 무관하게 그들을 선대하시는 하나님의 사랑을 의미합니다. 특히 죄인들이 아무런 공로 없이 하나님의 용서와 구원의 사랑을 받게 될 때 하나님의 은혜가 나타나는 것입니다. 그리고 긍휼은 곤궁에 처해 있는 사람들에 대한 하나님의 불쌍히 여기심이고, 용서는 죄의 삯을 지불해야 하는 사람들을 용서하시고 받아주시는 사랑입니다. 인내는 당신의 권위에 반역하는 사람들을 향하여 즉시로 벌하지 아니하시고 오랫동안 참으시고 기다리시는 하나님의 사랑을 의미합니다.

 많은 사람들은 하나님의 의와 사랑이 서로 모순 관계에 있다고 생각하는데, 정말 그런가요?

하나님은 의로우신 동시에 사랑이십니다. 즉, 하나님의 의와 사랑은 항상 같이합니다. 어느 한쪽이 무시될 수 없습니다. 하나님의 의는 사랑 없는 의가 아니며, 하나님의 사랑은 불의하고 불법적인 사랑이 아니기 때문입니다. 예를 들어, 부부관계를 보십시오. 남편이 외도를 한 사실을 아내가 알게 되었을 때, 그 남편은 아내에게 이렇게 말합니다.

"나는 그 여자를 사랑해. 그 여자는 나의 운명적인 사랑이야. 당신이 양보해 줘……."

분명코 이 남편은 자신과 함께 바람을 피운 여자에 대한 자신의 감정을 사랑이라고 확신할 것입니다. 하지만 그것은 결코 참된 사랑일 수 없습니다. 왜냐하면 그 남편은 간음하지 말라는 하나님의 의로우신 법을 어긴 상태에 있기 때문입니다. 하나님의 의를 떠난 어떤 것도 하나님 앞에서 참된 사랑일 수 없습니다. 그것은 단지 이기적인 육욕과 더러운 탐욕일 뿐입니다. 그 남편은 하나님 앞에서 간음이라는 심각한 죄악을 범한 것이 되고, 하나님은 이 사람을 반드시 심판하실 것입니다. 사랑과 의는 반드시 그리고 항상 함께합니다. 의를 부인하고 거부하는 것은 사랑일 수 없으며, 사랑과 연합하지 않은 의는 참된 의일 수 없습니다.

하나님이 하시는 일

하나님께서 하시는 일이라고 하면 어떤 생각이 먼저 떠오릅니까? 아마도 죄인을 구원하시는 일, 우주 만물을 다스리시는 일을 떠올릴 것입니다. 그렇습니다. 구원과 통치는 하나님께서 하시는 일들 중에서 아주 중요한 영역을 차지합니다. 하지만 이보다 좀더 깊이 있게, 하나님께서 하시는 일에 대한 체계적인 이해가 필요합니다.

하나님이 하시는 일은 크게 다섯 가지로 분류할 수 있습니다. 그것은

'계획'과 '창조', '섭리'와 '구원' 그리고 '완성'입니다. 성경 전체를 아우르는 이 다섯 가지 사역 가운데, 오늘은 계획과 창조, 섭리 이 세 가지만을 우선 설명하겠습니다. 구원과 완성에 대해서는 앞으로 진행되는 강의에서 좀더 살펴볼 것이기 때문입니다.

먼저 하나님의 '계획'에 대해서 살펴보겠는데, 17세기 청교도 신학자들을 중심으로 작성된 웨스트민스터 신앙고백은 '하나님의 영원한 작정'Eternal Decree of God이라는 항목에서 하나님의 계획을 다루고 있습니다. 하지만 '작정'이란 말은 지나치게 결정론적인 뉘앙스를 풍기기 때문에 하나님의 '계획'이라는 용어를 사용하는 것이 더 좋을 듯합니다.

하나님의 계획은 성경에 자주 나오는 몇 가지 단어, 그러니까 하나님의 '뜻' '경륜' '목적' '기쁘신 뜻' '마음의 원'이라는 용어들과 유사한 의미를 갖고 있습니다. 특히 에베소서 1장 11절은 "모든 일을 그 마음의 원대로 역사하시는 자의 뜻을 따라 우리가 예정을 입어 그 안에서 기업이 되었으니"라고 함으로써 모든 일이 하나님의 계획에 따라 일어난다고 가르치고 있습니다.

하나님의 뜻이라고 하든 경륜이라고 하든, 그것이 표현하고자 하는 의미는 동일합니다. 우주와 역사 속에서 일어나는 모든 일은 하나님의 계획과 뜻과 목적에 따라 일어나고 발생한다는 거지요. 다시 말하면, 하나님의 계획 속에 있지 않으면 어떤 일도 일어날 수 없다는 것입니다. 하나님의 계획은 거대한 건축물을 지으려고 계획하는 건축가가 갖고 있는 설계도와 청사진과 공정 스케줄에 비유할 수 있습니다. 건축가는 건축의 전 과정에 치밀한 계획을 가지고 작업을 시작하게 마련입니다.

결국 하나님의 계획은 세상을 창조하시기 전 영원 안에서 그분께서 자유롭게 세우신 것으로 만사와 만물의 생성과 소멸을 포함합니다. 하지만 여기서 꼭 짚고 넘어가야 할 것은, 하나님의 계획은 일차적으로 하나님께서 우주의 역사 가운데서 행하실 일들과 관련되어 있고 인간의 결정이나 행위나 다른 피조물의 움직임과 관련된 계획은 부차적이라는 점입니다.

하나님의 계획 사역을 하나님의 네 가지 다른 사역들과 연관해서 말한다면, 하나님께서는 우주 만물을 창조하시고 섭리하시고 죄인을 구원하시고 역사를 완성하실 것을 영원 안에서 계획하셨습니다.

두 번째로 하나님의 사역 가운데 '창조'란, 모든 만물을 만들어 내거나 존재하게 하시는 사역입니다. 그런데 하나님은 이미 존재한 재료들을 사용해서 창조하신 것이 아니라, 하나님 외에는 아무것도 없는 상태에서 만유를 창조하셨습니다. 그래서 어거스틴 Aurelius Augustinus, 354-430 은 '무로부터의 창조'creation out of nothing를 강조하였지요. 이는 아무것도 없는 상태에서 모든 만물을 있게 하신 하나님의 창조적인 능력을 묘사하는 표현입니다.

신학자들 가운데 과정신학을 주창하는 사람들은 '무로부터의 창조'를 받아들이지 않고 이미 존재한 무질서와 혼돈의 상태를 질서의 상태로 만든 것이 창조라고 주장합니다. 물론 무질서와 혼돈의 상태를 질서의 상태로 만든 것이 창조 사역의 중요 요소였음은 부인할 수 없습니다. 하지만 창세기 1장 1절을 보면, 맨 처음인 태초에 하나님께서 하늘과 땅을 창조하셨다고 하고, 2절에서는 그 땅이 혼돈하다고 했습니다. 그러니까 하나님의 창조는 무에서 유를 창조하는 것이 우선이고, 그 이후에 혼돈 속에 질서를 넣으신 것이라고 이해해야 합니다.

 하나님께서 무에서 유를 창조하신 것 외에 창조 사역과 관련된 중요한 교훈들은 무엇인가요?

하나님께서 모든 만물을 무에서 창조하셨다는 사실은 기독교가 이원론을 거부하게 된 근거가 됩니다. 이원론이란 궁극적인 실재가 선하신 하나님 한 분이 아니라 둘이라는 것으로, 우주의 근원에는 선한 신과 악한 신이라는 두 궁극적 실재가 있는데, 이 둘의 끝없는 갈등과 투쟁이 우주의 역사를 특징짓는다고 합니다. 더 나아가서 피조물 중의 일부는 본질적으로 영적이며 선하고, 또 다른 일부는 본질적으로 악하고 세속적이라고 합니다. 그러나 성경의 창조론은 이러한 이원론을 거부하고, 모든 만물이 본질적으로 선하며, 악은 선한 것이 부패함으로써 생겨났다고 가르칩니다.

다시 한 번 강조하지만 성경의 창조론은 이원론을 거부합니다. 그리스도인들 가운데, 목사나 전도사로 일하는 것은 성스럽지만 사업을 하거나 장사를 하면서 땀 흘려 돈을 버는 것은 속된 일이라고 생각하는 사람들이 많은데, 이런 생각은 하루 빨리 바른 창조론을 바탕으로 수정되어야 합니다. 타락되기 이전의 세계는 물론, 심지어 타락하여 죄가 들어와 피조계에 죄의 저주가 덮여 있을지라도 피조물 자체는 본질적으로 선하신 하나님께서 창조하신 선한 것이라는 긍정적인 사고가 많은 그리스도인들 가운데 회복되어야 합니다.

 그 외에 또 기억해야 할 다른 교훈들이 있는지요?

그것은 창조 자체가 성부 하나님의 단독 사역이 아니라 삼위일체 하나님의 협력 사역이었다는 점입니다. 성경은 계속해서 성부 하나님뿐만 아니라 성자 예수 그리스도와 보혜사 성령님 역시도 창조 사역에 동참하셨음을 강조해 주고 있습니다.

예를 들어, 요한복음 1장 1절에서 3절을 보면 "태초에 말씀이 계시니라 이 말씀이 하나님과 함께 계셨으니 이 말씀은 곧 하나님이시니라 그가 태초에 하나님과 함께 계셨고 만물이 그로 말미암아 지은 바 되었으니 지은 것이 하나도 그가 없이는 된 것이 없느니라"라고 전하고 있습니다. 이것은 말씀이신 성자 하나님께서 창조 역사에 동참하셨음을 증거해 줍니다.

골로새서 1장 16절 역시 예수님에 의해서 만물이 창조되었음을 선포합니다. "만물이 그에게 창조되되 하늘과 땅에서 보이는 것들과 보이지 않는 것들과 혹은 보좌들이나 주관들이나 정사들이나 권세들이나 만물이 다 그로 말미암고 그를 위하여 창조되었고"라는 말씀은 곧 성자 예수 그리스도 자신이 창조주이심을 분명하게 증거합니다. 창세기 1장 2절에서는 "땅이 혼돈하고 공허하며 흑암이 깊음 위에 있고 하나님의 신은 수면에 운행하시니라"라고 말합니다. 이것은 성령 하나님께서도 창조 역사에 동참하셨음을 확실하게 보여 줍니다.

여기서 또 한 가지 지적하고픈 것은 하나님께서 만물을 창조하신 목적이 무엇이냐 하는 점입니다. 이 문제에 대해서는 신학자들이 오랫동안 고민하고 나름대로 해답들을 제시했지만, 저는 하나님의 영광이 창조의 목적이라고 봅니다. 그렇다고 하나님께서 본래 영광스럽지 못하셨는데 창조를 통해서 영광을 얻으시려고 했다는 말씀은 아닙니다. 하나님은 애초부터 영광스러운 분입니다.

그럼에도 본래 최상으로 영광스럽고, 거룩하시며, 완벽하게 자충족하신 하나님 자신도 그분의 영광을 그분 존재의 최종 목적으로 삼고 계십니다. 따라서 하나님 사역의 최상 목적은 그분의 거룩하시고, 선하시고, 전능하신 영광이 우주 만물을 통해서 드러나고, 그 영광이 피조물에 의해서 누려지는 것입니다. 하나님께서는 우주 만물을 창조하셔서 그분이 본래 가지고 계시는 영광을 드러내시고, 피조물들이 그 영광을 보고 누리고 즐거워하게 하신 것입니다. 결국 드러나는 것도 하나님의 영광이고, 누려지는 것도 하나님의 영광입니다. 최고의 가치가 하나님의 영광이 되어야 한다는 말씀이지요. 이 사실에 대해서 가장 깊이 고민하고 치밀하게 논증한 사람이 바로 조나단 에드워즈입니다. 에드워즈는 그의 책 《하나님의 천지창조 목적》*The End for Which God Created the World*에서, 하나님께서 우주 만물을 창조하신 목적이 바로 하나님의 영광이었음을 확증하고 있습니다.

셋째, '섭리'는 하나님께서 창조하신 우주 만물을 보존하시고, 그 우주 만물이 당신의 목적을 향하여 움직이도록 운행하시는 사역이라고 정의할 수 있습니다. 즉, 하나님께서는 창조 후 제7일에 안식하셨지만, 안식하신 후에 계속적으로 우주 만물을 다스리고 인도하고 계시다는 말입니다.

섭리는 크게 '보존'preservation과 '통치'government로 나눌 수 있는데, 하나님은 계속해서 우주 만물을 보존하시며, 우주와 역사 가운데 일어나는 모든 일을 당신의 계획과 목적에 따라 주권적으로 다스리고 계십니다. 따라서 하나님의 통치를 벗어나서는 어떠한 일도 일어날 수 없습니다.

 하나님의 통치를 벗어나서는 어떠한 일도 일어날 수 없다면, 하나님 보시기에 악한 일조차도 하나님의 통치하에서 일어난다는 결론이 도출됩니다. 그렇다면 악한 일을 금하시는 하나님의 모습과 악한 일이 일어나고 있는 역사를 섭리하시는 하나님의 모습 사이에 모순이 있는 것 아닌가요?

우리 생각으로는 모순되는 것 같지만, 성경을 자세히 읽어 보면 그렇지 않음을 발견하게 됩니다. 하나님께서는 그분의 궁극적인 선한 목적을 이루시기 위해서 악을 일시적으로 허용하고 계시다는 것이 성경의 가르침이죠. 그러나 악은 일시적으로 허용될 수 있지만 궁극적으로는 하나님의 최종 심판 대상이 될 것입니다. 기억해야 할 것은, 하나님께서 악과 사탄의 역사를 허용하시는 근본 동기는 선하신 반면, 사탄과 죄인이 행하는 모든 일의 근본 동기는 악하기 때문에 사탄과 죄인은 그 일에 책임을 져야 한다는 사실입니다. 욥기서가 이 부분에 어느 정도 답을 주고 있다고 생각하는데, 하나님께서 사탄에게 욥을 치도록 허락하신 것은 선한 의도에서였던 반면, 사탄은 욥을 멸망시키려는 악한 의도를 가지고 있었습니다.

또 한 가지 좋은 예가 있습니다. 예수님을 배반하고 팔아넘긴 가룟 유다입니다. 하나님의 경륜 속에서 가룟 유다는 예수님을 배반하는 악역을 맡게 되었습니다. 하나님께서는 죄인의 구원이라는 대업을 완성하시기 위해서 선한 의도로 가룟 유다가 예수님을 배반하는 죄를 짓는 것을 허용하셨지만, 가룟 유다는 예수님을 팔아 돈을 벌겠다는 악한 동기를 가지고 악을 행했습니다. 그러므로 가룟 유다는 자신의 범죄에 책임을 져야 합니다. 하나님께서는 선한 동기와 의도를 갖고 악인들을 허용하시지만, 악인들은 악한 동기와 의도를 갖고 하나님을 거역하고 사람들을 해칩니다. 그들에 대한 하나님의 공의로운 심판은 반드시 행사될 것입니다.

삼위일체 하나님이란?

하나님의 본성과 사역에 대해서는 대략적인 이해가 되었으리라 생각하고, 이번에는 기독교 교리 중 신비의 영역에 속하는 삼위일체론에 대해서 말씀드리겠습니다. 우선 제가 보기에 삼위일체론은 머리로 이해하기보다는 믿음으로 수용해야 할 교리가 아닌가 싶습니다. 그렇다고 아무 근거 없이 믿기만 하라는 말씀은 아닙니다. 성경은 삼위일체에 대해서 비교적 상세히 그 증거들을 제시하고 있습니다.

많은 사람들이 삼위일체를 '삼이 하나요 하나가 삼'이라는 식의 수학적 역설로 받아들이는데, 이것은 삼위일체에 대한 바른 이해가 아닙니다. 왜냐하면, 삼위 하나님 즉 성부와 성자와 성령 하나님이 서로 구별되신 인격으로 존재하시기 때문입니다. 즉, 영원히 삼위가 존재하십니다. 다시 말하면, 성부는 성자가 아니며 성자는 성령이 아니며 성령은 성부가 아니라는 말입니다. 그럼에도 불구하고 성부도 하나님이며, 성자도 하나님이며, 성령도 하나님이십니다. 그래서 기독교는 하나님이 궁극적으로 한 분이라는 주장을 합니다. 이렇게 주장할 수 있는 근거는, 성경에 나온 대로, 구별된 세 위격이 존재하지만 이 세 위격이 상호 분리된 세 분 하나님으로 존재하시는 것이 아니라 온전히 연합되고 통일된 한 분 하나님으로 존재하시기 때문입니다. 그러니까 한 하나님께 세 위격이 있지만, 세 분 하나님이 계신 것이 아니라 한 분 하나님이 계시다는 것입니다.

 교수님, 삼위가 어떻게 한 분 하나님으로 존재할 수 있지요?

주후 4세기, 카파도키아라는 지역 즉 지금의 터키 지역에 세 분의 위대한 교부들이 살고 있었습니다. 이 교부들은 오늘날 우리와 같이, 삼위가 어떻게 한 분 하나님으로 존재할 수 있는지를 놓고 평생을 씨름했습니다. 그 결과 그들이 찾아낸 답은, 세 위격이 상호 내주 또는 상호 침투의 방식을 통해 한 하나님으로 존재하신다는 것이었습니다.

이 주장의 근거는 '페리코레시스'^{perichoresis}라는 헬라어 단어에서 찾을 수 있는데, 페리코레시스는 영어로 'mutual indwelling' 또는 'mutual interpenetration'으로 번역할 수 있습니다. 우리 표현으로는 '상호 내주' 또는 '상호 침투'라고 할 수 있지요. 결국 상호 내주, 상호 침투가 뜻하는 것은 성부·성자·성령의 삼위가 구별된 위격이지만, 완전히 분리되어 존재하시는 것이 아니라, 성부는 성자와 성령 안에 내주하시고, 성자는 성부와 성령 안에 내주하시고, 성령은 성부와 성자 안에 내주하시는 방식 즉 완전히 연합된 존재로 계시기 때문에 결국은 한 분 하나님이 계신다는 말입니다. 결론적으로 말씀드리면, 세 위격이 하나의 완전한 연합체·통일체로 존재하신다는 것이죠. 그래서 연합적 친교를 의미하는 'communion'이라는 단어를 사용해서 삼위일체 하나님을 'a communion of three persons'라고 표현하기도 합니다.

 삼위일체에 대한 이런 이해를 기준으로 할 때 뚜렷이 드러나는 이단들이 있을 것 같은데요?

삼위일체론과 관련된 이단은 크게 두 종류입니다. 하나는 삼위를 지나치게 분리하는 '삼신론'$^{tri-theism}$의 이단이고, 다른 하나는 삼위의 존재를 부인하고 한 하나님이 인간의 역사 속에서 세 번 가면을 쓰고 사역하신다고 주장하는 '양태론'modalism적 이단입니다. 이 두 이단 가운데 삼신론을 주장하는 사람들보다는 양태론을 주장하는 사람들이 훨씬 더 많기에 여기서는 양태론에 대해서 좀더 살펴보겠습니다.

양태론자들은 일반적으로 이런 예화를 들면서 이론을 전개합니다.

"내가 한 사람 정성욱인데, 내가 내 부모님 앞에서는 아들이고, 내 자식들 앞에서는 아버지이고, 내 아내 앞에서는 남편이다. 마찬가지로 하나님도 아버지의 역할, 아들의 역할, 성령의 역할을 감당하신다."

다시 말해서 한 하나님이 존재하시고, 그 하나님의 역할이 셋이라는 식으로 설명을 하죠. 하지만 성경은 분명히 성부와 성자와 성령이 서로 구별되는 세 위격이며, 이 세 위가 한 하나님으로 존재하신다고 가르칩니다. 양태론에 따르면, 결국 성자 예수님께서 성부 하나님께 기도하신 것은 결국 '원맨 쇼'에 지나지 않은 것이 되어 버리고 성자 예수님께서 성령님을 다른 보혜사로 부르신 것 역시 의미 없는 말장난에 불과하게 됩니다. 그런데도 많은 목회자들이 양태론적으로 삼위일체를 이해하고 이를 교회에서 가르치고 있습니다.

성경은 성자 예수님도 창조주시라고 말하고, 성령님도 창조주시라고 가르칩니다. 동시에 성경은 창조 사역을 주로 성부 하나님께 돌리는 것을 금하지 않습니다. 마찬가지로 성부와 성령께서 구원 사역에 동참하셨지만 여전히 십자가에 죽으시고 부활하신 분은 성자 하나님이시기에, 구원 사역을 성자께로 돌리는 것을 금하지 않습니다.

삼위일체론은 얼핏 들으면 모순인 것 같지만, 성경을 토대로 깊이 파고들면 들수록 자신을 계시하신 하나님을 삼위일체로 묘사하는 것이 성경에 가장 충실한 이해임을 받아들일 수 있게 됩니다. 그러기에 지난 이천 년간 정통 기독교가 삼위일체론을 포기하지 않고 정통과 이단을 구별하는 중대한 교리로 지키고 보수해 온 거고요.

벌써 시간이 많이 지났네요. 오늘 내용 중에 잘 이해되지 않거나 궁금한 점은 제 카페에 들어와 질문 남겨 주십시오. 인터넷 다음^{daum}에 들어가서서 "정성욱 목사와 독자의 만남"을 치시면 됩니다. 그럼, 다음 시간에 만납시다.

정 교수의 특강 정리 노트

● 중요 용어

계시^{revelation} 숨겨지고 감춰진 비밀을 열어서 보이거나 진리를 감싸고 있던 베일을 벗겨서 진리가 드러나게 하는 것. 기독교 신학에서는 하나님이 자신을 열어 사람에게 감춰지고 숨겨져 있는 자신의 존재와 성품과 사역을 알려 주시는 것을 칭한다. 계시에는 방법상 초자연적 계시와 자연적 계시가 있고, 성격상 일반 계시와 특별 계시가 있다.

성령의 영감 또는 감동^{inspiration} 하나님이 성령을 통하여 성경 기자들에게 무엇을 어떻게 기록할 것인지 영감을 주셔서 성경을 기록하게 하셨음을 의미한다. 디모데후서 3장 16절의 "모든 성경은 하나님의 감동으로 된 것"이라는 말씀과 관련 있다.

하나님의 자충족성^{self-sufficiency of God} 하나님은 스스로 충족되시고 만족하셔서 다른 어떤 존재나 피조물에 의존하지 않으시고, 또한 사람의 손으로 섬김을 받으시는 분이 아니심을 뜻한다.

페리코레시스^{perichoresis} 성부, 성자, 성령 이 삼위격이 서로를 침투하고 계시고, 서로 안에 내주해 계심을 나타내는 말. 세 위가 완전한 연합체와 통일체로서 존재하심을 의미한다.

1. 믿지 않는 사람들에게 하나님의 존재하심을 어떻게 증명해 줄 수
   있을까요?
2. 성경이 하나님의 말씀이라는 증거에는 어떤 것들이 있을까요?
3. 하나님은 참되시고 선하신 분입니다. 그렇다면 하나님의 아름다
   우심은 어떻게 이해해야 할까요?
4. 선하신 하나님께서 악을 허용하시는 이유는 무엇일까요?
5. 양태론적 삼위일체론의 문제점들을 이야기해 봅시다.

사람과 죄에 대하여

지난 시간에 우리는 성경과 계시, 그리고 하나님은 어떤 분인지에 대해서 공부했습니다. 오늘은 조직신학 특강 두 번째 시간으로 사람과 죄에 대하여 함께 살펴보겠습니다.

사람은 어떻게 창조되었을까?

한번은 오전 강의를 마치고 점심식사를 하고 있는데, 어느 전도사님이 찾아와서 사람이 어떻게 창조되었는지, 이에 대한 전통 장로교의 입장이 이분설이 맞는지를 물어 왔습니다. 그 전도사님의 말에 자기 동료 중에 침례교 신학을 공부한 친구가 있는데 장로교의 이분설, 그러니까 사람은 본질적으로 '육과 영'으로 구성되어 있다는 입장은 성경적이지 않고 오히려 침례교 신학에서 주창해 온 '영과 혼과 육'으로 구성되어 있다는 삼분설이 더 성경적이라고 주장했다는 겁니다. 데살로니가전서

5장 23절을 근거로 제시하면서 말입니다.

"평강의 하나님이 친히 너희로 온전히 거룩하게 하시고 또 너희 온 **영과 혼과 몸**이 우리 주 예수 그리스도 강림하실 때에 흠 없게 보전되기를 원하노라."

여러분은 어떻게 생각하십니까? 성경은 정말 무엇이라고 말하고 있을까요? 일단 저는 사람의 근본 구성에 관한 한 이분설이 성경의 가르침이라고 봅니다. 왜냐하면 하나님께서 사람을 창조하실 때 흙으로 몸을 만드시고, 그 몸에 생기를 불어넣으심으로 '영'을 만드신 것이 분명하기 때문입니다. 그리고 성경 전체를 살펴보면, 영이라는 말과 혼이라는 말이 거의 동의어로 쓰이는 예들이 많은데, 이 맥락에서 데살로니가 5장 23절 말씀을 읽으면 이분설의 입장에서도 이 구절을 이해할 수 있습니다. 바울이 "영과 혼과 몸"이라고 말한 것은 혼이 사람의 근본 구성 요소라는 의미에서가 아니라, 영과 몸이 결합하여 사람이 되었을 때 생성되는 하나의 요소가 혼이라는 의미에서 말한 것으로 보입니다. 다시 말해, 근본적으로 영과 몸이 결합하여 사람이 되는데, 그 결합의 산물로서 사람의 혼 즉 정신적 기능이 생긴다는 말입니다.

사람의 구성을 이분설로 이해하는 것과 삼분설로 이해하는 것에 큰 차이가 있나요?

사람의 구성을 이분설로 이해하든 삼분설로 이해하든 사람을 이해하는 데 큰 차이는 없습니다. 하지만 어떤 사이비 단체의 지도자들처럼, 영·혼·육을 지나치게 세분화하면서 정상적인 그리스도인은 혼적이고 육적인 것을 거부하고 영적인 것에 집중해야 한다는 가르침은 분명 잘못된 것입니다. 영혼과 육체로 구성되었든지, 영과 혼과 육으로 구성되었든지 간에 사람이 하나의 통일체로 이루어져 있다는 사실이 중요합니다. 따라서 어떤 사람의 영적 상태를 정신과 몸의 상태와 무관한 것으로 이해해서는 안 됩니다. 예수님도 육신의 질병을 치유하시는 것과 영적인 관계의 회복을 서로 관련된 것으로 이해하셨습니다. 기독교는 영혼의 중생과 더불어 육신의 부활도 함께 강조합니다. 육신을 불결한 것으로 보거나 영혼의 건강과 무관한 것으로 보는 것은 영지주의적 · 이원론적 태도입니다. 이러한 태도는 그리스도인으로서 올바르지 않습니다.

사람이 하나님의 형상으로 창조되었다는 말의 의미는?

사람은 구성 면에서 볼 때 '육과 영'으로 창조되었지만, 가치와 존엄성이란 면에서 볼 때 '하나님의 형상'으로 창조되었습니다. 창세기 1장에서는 사람이 하나님의 형상을 따라 창조되었다고 증거하고 있습니다.

하나님의 형상에 대한 신학적 문제는 전통적인 견해와 더불어 20세기에 새롭게 주창된 여러 견해들까지 있어 좀 복잡합니다. 그러나 문제의 핵심을 파악하기만 하면 성경의 통합적인 가르침을 이해할 수 있습니다. 어거스틴, 루터[Martin Luther, 1483-1546], 칼빈 등 고전적인 신학자들은 하나님께서 사람에게 주신 어떤 '실체적인 요소'를 하나님의 형상으로 봅니다. 예를 들어, 어거스틴은 하나님께서 사람에게 주신 이성과 자유의지가 사람과 짐승을 구별해 주는 하나님의 형상이라고 보았고, 루터와 칼빈은 어거스틴의 입장을 수용하되 에베소서 4장 24절과 골로새서 3장 10

절의 가르침을 따라 하나님께서 사람에게 부여하신 의와 진리와 거룩함과 지식 등이 하나님의 형상이라고 이해했지요.

하나님의 형상에 대한 이해에는 이런 실체적 관점과 더불어 두 가지 다른 관점이 있습니다. 하나는 '관계적 관점'이고 다른 하나는 '기능적 관점'입니다. 먼저 관계적 관점에 따르면, 하나님의 형상은 사람에게 부여된 어떤 실체가 아니라 사람이 하나님과 다른 사람과 관계를 맺고 살아간다는 데 있습니다. 즉, 사람이 경험하는 관계성이 곧 하나님의 형상이라는 의미죠. 이 주장을 내세운 사람들로는 신정통주의자라고 불리는 스위스의 신학자 에밀 브루너Emil Brunner, 1889-1966와 칼 바르트Karl Barth, 1886-1968가 있습니다. 특히 바르트는 하나님의 세 위격 간의 관계성이 하나님의 형상이며, 사람은 이 형상을 따라 창조되었기 때문에 하나님과 또 다른 사람들과의 인격적인 관계성 속에서 존재할 수 있다고 주장했습니다. 저는 어거스틴과 루터와 칼빈의 입장에 동의하면서도 고전적인 관점의 테두리 내에서 바르트와 브루너의 관점도 수용할 수 있다고 생각합니다.

하나님께서 사람을 창조하셔서 사람에게 부여하신 특질들이 하나님의 형상인 것처럼 관계성 속에 존재하시는 하나님의 존재 방식 역시도 하나님의 속성으로 볼 수 있습니다. 이런 관점에서 본다면, 사람이 고독한 존재로서가 아니라 상대와의 인격적 관계 속에 존재하도록 창조된 사실 역시 하나님의 형상을 반영한다고 생각합니다.

관계적 관점과 더불어 기능적 관점이 있다고 말씀드렸습니다. 기능적 관점은 과거에도 많은 사람들이 제기했지만, 20세기에 와서 특별한 관심을 끌게 되었습니다. 이에 따르면 하나님의 형상은 사람이 소유하고 있는 어떤 본질도 아니고 관계성도 아니고, 오히려 사람이 수행하는 어떤 기능이라는 것입니다. 그렇다고 해서 도구를 만든다거나 종교적인 행위를 한다거나 예술적인 행위를 하는 것들만을 의미하는 건 아닙니다. 오히려 하나님께서 사람에게 부여하신 근본적인 과업과 관련 있습니다.

창세기 1장 28절을 보면, 하나님께서 아담과 하와를 복 주시면서 생육하고 번성할 것, 땅을 정복할 것, 그리고 만물을 다스릴 것 등 사람이 해야 할 일들과 관련하여 위임을 하고 계십니다. 이 대목에서 만물을 다스리는 기능, 즉 통치 행위야말로 우주 만물의 통치자이신 하나님의 형상이라고 말할 수 있습니다. 즉, 우주 만물의 근본 통치자이신 하나님의 대리 통치자로서 다스리는 행위를 수행하는 것, 그것이 바로 하나님의 형상이란 뜻입니다.

결론적으로 말씀드리면, 하나님의 형상에 대한 세 가지 관점, 그러니까 실제적 · 관계적 · 기능적 관점은 상호 배타적인 관계에 있기보다는 상호 보완적인 관계에 있습니다.

 신약성경에는 예수님이 하나님의 형상이라는 말이 자주 나옵니다. 이 말씀은 창세기의 사람 창조와 어떤 관련이 있는 겁니까?

우리는 그분의 형상을 따라 아담과 하와를 창조하시고 그에게 만물 통치를 위임하시는 사건 속에서, 장차 죄와 사망의 권세를 멸하시고 참 하나님의 형상으로 우리를 회복하고 완성해서 그분과 함께 영원히 다스리게 하실 예수 그리스도를 예표적으로 바라볼 수 있습니다. 그러니까 예수 그리스도는, 둘째 아담이자 마지막 사람으로서 아담이 예표한 참 사람이었습니다. 사도 바울은 로마서 5장 8절에서 아담이 "오실 자의 표상"이라고 증거하고 있는데, 이는 아담과 하와는 하나님의 형상을 따라 창조된 반면에 예수 그리스도는 하나님의 형상 자체이시기 때문입니다.

사람이 죄를 지은 이유

 하지만 하나님의 형상을 따라 거룩하고 의로운 대리 통치자로 창조된 아담과 하와가 어떻게 죄를 짓고 타락할 수 있었나요?

이 문제는 신학적 난제에 속합니다. 그러나 근본적으로 아담과 하와가 하나님의 형상으로 창조된 사실 자체 속에서 타락 사건의 실마리를 찾을 수 있습니다. 하나님께서 아담과 하와를 그분의 형상으로 창조하셨다는 말 속에는 아담과 하와를 자유의지를 가진 인격체로 만드셨다는 내용을 포함합니다. 따라서 아담과 하와는 자신의 의지를 하나님을 향하여 선용할 수도 있었고, 하나님께 반대되는 것을 향하여 오용할 수도 있었지요. 아담과 하와는 본질상 의롭고 거룩하게 창조되었지만 사탄의 유혹이 들어올 때 그 유혹을 물리치고 하나님의 말씀에 순종하기보다는 그 유혹의 달콤함에 넘어가서 하나님의 말씀에 불순종한 겁니다.

창세기에서 볼 수 있듯이, 뱀의 유혹은 아주 지능적이었습니다. 뱀은 우선 "하나님이 참으로 너희더러 동산 모든 나무의 실과를 먹지 말라 하시더냐?"라고 말함으로써 은근히 하나님께서 관대하지 않은 구두쇠와 같은 분이라는 인상을 하와의 마음에 심어 주었습니다. 이에 대하여 하와는 "동산 중앙에 있는 나무의 실과는 하나님의 말씀에 너희는 먹지도 말고 만지지도 말라 너희가 죽을까 하노라"라고 응답함으로써 하나님의 말씀을 더하기도 하고 빼기도 하는 잘못을 범합니다. 하와가 뱀의 계략에 넘어가고 만 것이죠.

이렇게 반쯤 넘어온 하와에게 뱀은 명백한 거짓말, "너희가 결코 죽지 아니하리라. 너희가 그것을 먹는 날에는 너희 눈이 밝아 하나님과 같이 되어 선악을 알 줄을 하나님이 아신다"고 유혹합니다. 하나님께서는 "네가 먹는 날에는 정녕 죽으리라"라고 말씀하셨는데, 뱀은 이것과 정반대의 거짓말을 하고 있습니다. 동시에 뱀은 하나님께서 아담과 하와에게 복을 다 주신 것이 아니라 어떤 부분은 숨겨 놓고 있는 듯한 이미지를 풍깁니다. 이로써 뱀은 하나님에 대한 불만을 하와의 마음에 심게 됩니다.

이제 뱀의 유혹에 거의 다 넘어간 하와가 동산 중앙의 나무를 보았을 때, 그 나무 열매는 "먹음직도 하고 보암직도 하고 지혜롭게 할 만큼 탐스럽기도" 하였습니다. 결국 하와는 육신의 정욕과 안목의 정욕과 이생의 자랑이라는 유혹을 물리치지 못하고 유혹에 넘어가서 그 실과를 따먹고 자기와 함께한 아담에게도 줍니다. 그리고 아담 역시 하나님이 금하신 열매를 먹습니다. 결국 하나님의 말씀과 법을 어기고, 깨뜨리고, 불순종하는 죄를 범하게 됩니다. 아담과 하와가 하나님의 말씀에 불순종한 것은 창조주 하나님의 권위에 대한 반역이었으며, 이 죄악은 철저하게 그들의 선택의 자유를 남용한 그들의 책임입니다.

 하지만 사탄의 유혹이 없었다면 넘어가지 않았을 것 아닙니까?

물론 그렇게 말할 수 있습니다. 그러나 중요한 것은 아담과 하와는 사탄의 유혹을 이기고 순종할 수 있는 자유와 능력을 소유한 자였다는 사실입니다. 그러나 그들은 그 자유와 능력을 자신의 이기적 욕망을 위해 사용했습니다. 따라서 그들은 자신의 책임을 회피할 수 없습니다.

저는 신학자이지만 성경이 말하는 데까지만 말할 수 있다고 생각합니다. 그렇기 때문에 여러 질문들에 대한 사변적인 억측을 자제하고 성경의 명확한 가르침에만 집중하려고 노력합니다. 이 문제에 대해서도 성경의 명백한 가르침에 주목하지 않고 사변에 빠지게 된다면, 위험한 결론에 도달할 수 있습니다.

죄를 지은 후 사람은 어떻게 되었는가?

 성경은 아담과 하와가 죄를 지은 결과를 엄청난 비극으로 묘사하고 있는 것 같은데요?

그렇습니다. 하나님의 권위에 반역하고 하나님의 은혜와 사랑에 배은망덕한 죄로 인하여 아담과 하와는 엄청나게 비극적인 결과에 직면하게 됩니다. 성경은 그들의 눈이 밝아져 자기들의 몸이 벗은 줄을 알게 되었다고 증거합니다. 이는 그들이 수치심을 느끼게 되었다는 말이죠. 죄는 사람들에게 수치심을 불러일으킵니다.

더 나아가 그들은 하나님의 음성을 듣고 하나님의 낯을 피하여 동산 나무 사이에 숨었습니다. 이로써 하나님과의 친밀한 관계가 깨어지고 하나님을 두려워하는 마음, 하나님에게서 도피하려는 마음이 생겼습니다. 피조 된 사람들에게 가장 중요한 것이 바로 자기들을 지으신 하나님과의 올바른 관계임에도 불구하고, 죄는 그 관계를 깨뜨려 버렸습니다. 그 결과 하나님에 대한 사랑과 감사를 공포와 두려움과 적개심이 대치하게 되었습니다.

이어 하나님 앞에서 다른 사람에게 핑계를 돌리는 모습이 나타났고, 그렇게 함으로써 사람 사이의 관계도 깨어졌습니다. 동시에 사람의 다스림을 받아야 하는 다른 피조물과의 관계도 깨어지게 되었습니다. 아담은 아내인 하와에게 자신의 잘못을 돌렸고, 하와는 뱀에게 핑계를 돌렸습니다. 그 결과, 하나님은 그들에게 응분의 형벌을 내리셨고 에덴동산에서 쫓아내셨습니다.

 조직신학 책들을 읽어 보면, 죄로 인하여 사람은 하나님의 형상을 상실하게 되었다는 주장이 나오는데, 무슨 뜻인지요?

하나님의 형상을 상실했다는 말은 그분의 형상이 우리 안에서 완전히 소멸되었다기보다는 사람에게 있는 하나님의 형상이 많은 부분 손상되었다는 의미입니다. 아담과 하와의 범죄로 말미암아 하나님께서 부여해 주신 거룩함과 의로움이 상실되고 사람의 본성이 죄로 물들게 되었습니다. 의지의 자유를 잃어버리고 마귀에게 종노릇 하게 되었습니다. 하나님과 사람 사이의 바른 관계가 깨어졌고, 만물에 대한 통치권도 상실했습니다. 물론 지금도 부분적으로는 인간이 만물에 대한 개발권을 가지고 있습니다. 하나님께서는 홍수 후 노아와 언약하시면서 짐승의 생명을 사람에게 붙이신다고 약정하셨습니다[창 9:1-7]. 하지만 선하고 완전한 의미에서의 참된 통치권은 상실한 채 세상은 악한 자, 즉 마귀의 통치하에 있다고 볼 수 있습니다. 죄로 인하여 하나님의 형상을 상실한 채 마귀의 노예가 되어 살아가고 있는 사람들을 죄와 마귀의 권세로부터 해방하고, 그들에게 하나님의 형상을 회복시켜 주려고 오신 분이 바로 예수 그리스도이십니다.

정 교수의 특강 정리 노트

이분설^{dichotomy}　　　　사람이 영혼과 육체, 두 가지 성분으로 구성되었다는 설. 복음적 개혁파 신학의 입장.

삼분설^{trichotomy}　　　　사람이 영과 혼과 육체, 세 가지 성분으로 구성되었다는 설. 복음적 침례교 신학의 입장.

죄^{sin}　　　　하나님의 무한하신 권위와 주권에 반역하는 행위로서, 겉으로 드러나는 말이나 행동 이전에 사람의 마음속에서 먼저 시작된다. 죄는 하나님의 거룩하심과 겸손하심과 사랑을 배역하는 마음과 생각과 말과 행동이다. 죄의 본질은 거짓과 교만과 불의이다.

하나님의 형상^{image of God}　　　　하나님의 형상에는 지혜, 지식, 거룩성, 의로우심, 사랑, 관계성, 인격성 등이 포함된다. 사람은 하나님의 형상을 따라 창조되어 모든 피조물보다 우월한 가치와 존엄성을 갖는다.

1. 사람이 하나님의 형상을 따라 창조되었다는 사실은 인간의 존엄
   성에 대하여 어떤 빛을 비춰 줄 수 있을까요?
2. 죄의 본질은 무엇이며, 죄가 왜 그렇게 나쁜 것일까요?
3. 아담과 하와가 죄를 범한 결과 어떤 일이 일어났나요?

하나님의 구원 역사에 대하여

특강 3

지난 시간에 세상이 마귀의 통치하에 있다고 설명을 드렸더니, 강좌를 마치고 어느 분이 제게 오셔서 "교수님, 그렇다면 이제 아무런 희망이 없는 건가요? 죄가 세상에 들어와서 마귀가 사람을 통치하기 시작한 비극적인 이야기로 하나님의 역사는 끝나는 건가요?"라고 물으시더라고요. 그래서 제가 뭐라고 대답했겠습니까? 저는 분명하게 "아니요"라고 말씀드렸습니다. 왜냐하면 하나님은 범죄한 인간을 죄와 사망과 마귀의 통치 가운데 두시기를 기뻐하지 아니하시고, 그들을 구원하시려는 계획을 실행하고 계시기 때문입니다. 이와 관련하여 오늘은 사람의 타락 이후 하나님이 어떻게 행하셨는지를 같이 살펴보겠습니다.

사람이 타락한 후에 하나님은 어떻게 행하셨을까?

먼저 창세기 3장 14절에서 24절까지의 내용을 보겠는데, 이 구절에는 아담과 하와가 타락한 직후 하나님께서 하신 일이 나옵니다. 14절을 함께 읽어 볼까요?

"여호와 하나님이 뱀에게 이르시되 네가 이렇게 하였으니 네가 모든 육축과 들의 모든 짐승보다 더욱 저주를 받아 배로 다니고 종신토록 흙을 먹을지니라."

하나님은 아담과 하와 타락 직후 뱀에게 형벌을 주셨습니다. 그리고 15절에서 볼 수 있듯이 "내가[하나님이] 너로 여자와 원수가 되게 하고 너의 **후손**도 **여자의 후손**과 원수가 되게 하리니 여자의 후손은 네 머리를 상하게 할 것이요 너는 그의 발꿈치를 상하게 할 것이니라"라고 하셨습니다. 이 구절에서 "여자의 후손"을 '일반적인 사람'으로 해석하면 문제가 좀 생깁니다. 일반적인 사람은 사탄과 적대 관계에 있기보다는 사탄의 노예가 되어 있다는 것이 성경의 가르침이기 때문입니다. 따라서 여자의 후손은 일반적인 사람이기보다는 사탄과 적대 관계에 있는 '하나님의 사람들'을 의미합니다.

초대 교회의 많은 교부들은 여자의 후손을 하나님의 사람들을 대표하는 참된 후손인 '예수 그리스도'로 해석했습니다. 이렇게 볼 때, 이 구절은 사탄이 예수 그리스도를 십자가에 못박음으로써 그의 발꿈치를 상하게 할 것이지만 부활하신 그리스도는 사탄의 머리를 격파하심으로써 완전한 승리를 거두리라는 예언의 말씀으로 받아들일 수 있습니다. 그래서 초대 교회 이후 지금까지 창세기 3장 15절을 '프로토에반겔리움'*proto-evan-gelium* 즉 '원시 복음'이라고 지칭하고 있으며, 사람을 죄에서 구원하실 하나님의 계획에 대한 최초의 예언으로 보고 있습니다. 사람의 타락 직후 그들에게 형벌을 내리는 바로 그 현장에서 하나님께서는 그들에 대한 구원 계획을 선포하셨습니다. 정말 놀라운 메시지가 아닐 수 없습니다.

이어서 16절에서는 여자에게 잉태하는 고통이 크게 더해질 것이고 남편과 아내의 관계가 상호 갈등과 투쟁의 관계가 되리라는 형벌을 내리시고 있습니다. 17절에서 19절에서는 아담의 범죄로 땅이 저주를 받게 되어 땅은 가시덤불과 엉겅퀴를 낼 것이고 남자는 종신토록 수고하여 땀을 흘려야 생계를 유지할 것이라는 형벌을 내리시고 있습니다. 특히 21절이 구원사의 관점에서 매우 중요한데, 같이 읽어 봅시다.

"여호와 하나님이 아담과 그 아내를 위하여 **가죽옷을 지어 입히시니라.**"

이 구절에서 가장 중요한 대목은 하나님께서 '가죽옷을 지어 입히셨다'는 것입니다. 그리고 하나님께서 가죽옷을 지어 입히신 것이 타락한 아담과 하와를 위한 일이었다는 메시지 역시 중요합니다. 즉, 이 구절은 타락한 아담과 하와를 위하시는 하나님의 자비와 긍휼을 보여 줍니다. 죄를 짓고 자신들을 부끄럽게 느끼는 아담과 하와의 수치를 하나님께서 가려 주신 것이죠. 동시에 그들의 수치를 가리기 위해서 어떤 짐승이 생명 값을 지불했다는 대목 역시 매우 중요합니다. 이 사건은 장차 우리의 수치와 허물을 가리기 위해서 하나님의 어린 양으로 오실 예수 그리스도가 생명 값을 지불할 것에 대한 예표적 사건이기 때문입니다. 하나님께서는 타락한 사람들을 절망적인 상태에 그대로 내버려 두신 것이 아니라, 그들을 구원하시기 위한 계획을 실행하고 계셨던 겁니다. 사도 바울은 우리의 죄가 넘치는 곳에 은혜가 더욱더 넘친다고 고백했습니다.

 창세기 4장에서 11장까지의 내용을 보면, 사람들은 하나님의 구원 의도와 무관하게 계속해서 더욱더 타락하는 모습을 보여 주고 있지 않습니까?

　　일단 4장을 보면, 아담의 아들 가인이 동생 아벨을 돌로 쳐 죽이는 끔찍한 살인 사건이 나옵니다. 6장에서 9장까지에는 죄로 물들어 버린 전 인류를 홍수로 멸하시는 사건과, 홍수가 끝나고 사람들이 번성하기 시작했지만 사람의 본성은 변하지 않고 계속 하나님 앞에서 범죄하는 모습이 나타나 있습니다. 그리고 11장에는 사람들이 하나님을 대적하여 바벨탑을 쌓다가 하나님께 벌을 받은 사건이 기록되어 있습니다. 성경은 사람이 더 이상 회복이 어려울 만큼 타락했다고 말합니다. 창세기 6장 5절을 읽어 주십시오.

　“여호와께서 사람의 죄악이 세상에 관영함과 그 마음의 생각의 모든 계획이 **항상** 악할 뿐임을 보시고.”

　아담과 하와의 죄의 본성을 타고난 인류는 그 생각과 계획이 “항상” 악할 정도까지 타락했었고, 그것은 결국 하나님의 심판을 자초했습니다. 그런데 문제는 홍수 후에 태어난 사람들도 여전히 죄의 강력한 영향 아래서 살게 되었고, 또다시 바벨탑이라는 비극적인 사건을 초래하게 된 것입니다. 이런 사건들을 통해서, 하나님의 구원 의도와 계획은 너무도 분명하셨지만 사람은 철저하게 타락되고 영적으로 부패한 상태에 있었음을 발견할 수 있습니다. 그러나 하나님은 포기하지 않으셨습니다. 사랑과 긍휼과 자비의 하나님은 우리를 포기하지 아니하시고 오래 참고 기다리셨습니다. 그런데 사람들은 그 하나님의 인내와 오래 참으심을 경멸하고 무시함으로써 스스로 멸망을 자초했습니다.

　바벨탑 사건 이후에도 하나님은 죄인을 구원하시려는 역사를 계속하셨습니다. 그런 의미에서 창세기 12장에는 성경 전체를 열어 주는 열쇠가 되는 사건이 기록되어 있습니다.

아브라함에게 주신 약속

창세기 12장 1절에서 3절까지를 같이 읽어 보겠습니다.

"여호와께서 아브람에게 이르시되 너는 너의 본토 친척 아비 집을 떠나 내가 네게 지시할 땅으로 가라 **내가 너로 큰 민족을 이루고** 네게 복을 주어 네 이름을 창대케 하리니 너는 복의 근원이 될지라 너를 축복하는 자에게는 내가 복을 내리고 너를 저주하는 자에게는 내가 저주하리니 **땅의 모든 족속이 너를 인하여 복을 얻을 것**이니라 하신지라."

하나님께서는 갈대아 우르에 있는 아브람을 부르셔서 그에게 당신이 지시할 땅으로 가라고 명령하십니다. 그러면서 아브람에게 엄청나게 중요한 약속을 하십니다. 그 약속은 크게 두 가지로 나뉩니다. 첫째는 '너로 큰 민족을 이루게 하시겠다'는 약속입니다. 여기서 '민족'은 '나라'라고도 번역할 수 있습니다. 하나님은 아브람에게 큰 나라를 이루게 하시겠다고 약속하고 계십니다. 그리고 둘째는 3절 마지막에 나옵니다. 즉, "땅의 모든 족속이 너를 인하여 복을 얻을 것"이라는 약속입니다. 하나님께서는 아브람을 통하여 이 땅의 모든 족속^{all the families}, 즉 모든 종족^{all ethnic groups}이 복을 얻게 되리라고 약속하십니다. 아브람이 곧 복의 근원이 된다는 것이죠.

 두 가지 약속의 내용들이 무엇인지는 이제 좀 알겠습니다만, 이 약속들이 성경 전체를 열어 주는 열쇠가 된다는 말씀이 무슨 뜻인지는 좀 더 설명해 주시면 좋겠습니다.

예, 그렇죠. 아브람에게 큰 나라를 이루게 하시겠다는 것이 하나님의 첫째 약속입니다. 그런데 이 약속을 마음에 품고 창세기 12장부터 출애굽기 전체까지를 읽으면, 우리는 놀라운 사실을 발견하게 됩니다. 그것은 큰 나라를 이루는 세 가지 중요한 요소들, 즉 그 나라의 국민, 그 나라의 국토, 그 나라의 국권에 대해서 아브라함과 이삭과 야곱에게 계속해서 약속을 재확인해 주신다는 것입니다. 예를 들어, 땅 그러니까 국토에 대한 약속이 창세기 12장 6절과 7절에 나옵니다.

"아브람이 그 땅을 통과하여 세겜 땅 모레 상수리나무에 이르니 그때에 가나안 사람이 그 땅에 거하였더라 여호와께서 아브람에게 나타나 가라사대 내가 이 땅을 네 자손에게 주리라 하신지라……."

그래서 성경은 가나안 땅을 자주 '약속의 땅'이라고 부르는 것입니다. 국민에 대한 약속은 창세기 13장 후반부에 나옵니다. 14절에서 17절 말씀을 볼까요?

"롯이 아브람을 떠난 후에 여호와께서 아브람에게 이르시되 너는 눈을 들어 너 있는 곳에서 동서남북을 바라보라 보이는 땅을 내가 너와 네 자손에게 주리니 영원히 이르리라 내가 네 자손으로 땅의 티끌 같게 하리니 사람이 땅의 티끌을 능히 셀 수 있을진대 네 자손도 세리라 너는 일어나 그 땅을 종과 횡으로 행하여 보라 내가 그것을 네게 주리라."

하나님께서는 아브람의 자손을 땅의 티끌과 같이 무수하게 번성하게 하실 것을 약속하고 계십니다.

셋째, 국권에 대한 약속을 말씀드리기 전에, 하나님께서 아브람에게 구두로 약속하신 내용을 공식적인 언약체결 의식을 통해 확증하고 계신 것을 기억해야 합니다. 여기서 언약covenant이란 하나님의 약속을 공적이며 법적인 구속력을 가진 쌍무적인 약정으로 만드는 것을 의미합니다. 창세기 15장에 나와 있는데, 하나님께서 아브람에게 하늘의 별과 같은 무수한 자손과 가나안 땅을 기업으로 주시겠다고 약속하자, 아브람이 구두로 주신 약속을 법률적 효력이 있는 약정으로 만들어 달라고 요청합니다. 그러자 하나님께서는 "나를 위하여 삼 년 된 암소와 삼 년 된 암염소와 삼 년 된 수양과 산비둘기와 집비둘기 새끼를 취할지니라"라고 명하십니다. 이어서 아브람은 제물들의 중간을 쪼개고 그 쪼갠 것을 마주 대하여 놓습니다. 그리고 쪼갠 고기 사이로 하나님께서 지나가십니다. 15장 17, 18절 말씀을 읽어 주십시오.

"해가 져서 어둘 때에 연기 나는 풀무가 보이며 타는 횃불이 **쪼갠 고기 사이로 지나더라** 그날에 여호와께서 아브람으로 더불어 언약을 세워 가라사대 내가 이 땅을 애굽 강에서부터 그 큰 강 유브라데까지 네 자손에게 주노니."

하나님께서 쪼갠 고기 사이로 지나가시는 의식을 통해서 그분께서 구두로 주신 약속을 법적 구속력이 있는 언약으로 세우시는 것입니다.

쪼갠 고기 사이로 지나가신다는 것은 매우 중요한 신학적 의미가 있습니다. 만일 하나님께서 아브람에게 세우신 그 약정을 지키지 않고 어길 경우, 중간이 쪼개어진 제물들처럼 하나님 자신이 쪼개어질 것이라는 엄숙한 맹세를 담고 있지요. 즉, 하나님께서 그분의 생명을 걸고 그 언약을 신실히 지키실 것임을 천명하고 있는 겁니다. 이를 통해 볼 수 있는 것은, 하나님의 약속과 언약은 결코 폐기될 수 없고 반드시 이루어진다는 것이 성경의 일관적인 메시지라는 점입니다.

 하나님께서 아브라함과 맺으신 언약의 증표로서 할례가 강조되는 것으로 아는데요?

창세기 15장에서 엄숙한 언약체결 의식을 통하여 당신의 약속을 맹세로 보증하신 하나님께서 17장에서는 아브람의 이름을 '아브라함'이라고 고쳐 주시면서 국민과 국토와 국권을 포함하는 나라에 대한 약속을 언약으로 확증하십니다. 창세기 17장 1절에서 8절을 살펴볼까요?

"아브람의 구십구 세 때에 여호와께서 아브람에게 나타나서 그에게 이르시되 나는 전능한 하나님이라 너는 내 앞에서 행하여 완전하라 내가 내 언약을 나와 너 사이에 세워 너로 심히 번성케 하리라 하시니 아브람이 엎드린대 하나님이 또 그에게 일러 가라사대 내가 너와 내 언약을 세우니 너는 열국의 아비가 될지라 이제 후로는 네 이름을 아브람이라 하지 아니하고 아브라함이라 하리니 이는 내가 너로 열국의 아비가 되게 함이니라 내가 너로 심히 번성케 하리니 나라들이 네게로 좇아 일어나며 열왕이 네게로 좇아 나리라 내가 내 언약을 나와 너와 네 대대 후손의 사이에 세워서 영원한 언약을 삼고 너와 네 후손의 하나님이 되리라 내가 너와 네 후손에게 너의 우거하는 이 땅 곧 가나안 일경으로 주어 영원한 기업이 되게 하고 나는 그들의 하나님이 되리라."

이 구절을 보면, 자손을 생육하고 번성하게 하실 것, 열왕이 아브람으로부터 날 것, 가나안 땅이 영원한 기업이 될 것을 약속하고 있습니다. 그리고 창세기 12장 2절에서 '내가 너로 큰 민족을 이루게 하겠다'는 하나님의 약속이 더욱 확실하게 재확인되고 있습니다. 더 나아가 아브라함이 열국의 아비가 된다는 약속이 주어졌는데, 이것은 12장 3절의 "땅의 모든 족속이 너를 인하여 복을 얻을 것"이라는 약속의 확인이라고 보면 될 것 같습니다. 왜냐하면 신약성경이 가르치는 대로 아브라함은 모든 믿는 자들의 조상이요 아버지이시기 때문입니다. 하나님께서는 바로 이 언약체결의 맥락에서 언약의 증표로서 할례를 행할 것을 명하셨던 것입니다.

또 놀라운 사실은, 17장 후반부에 나타나 있듯이 하나님께서 아브라함에게 주신 언약을 사라에게도 재확인하시고 있다는 사실입니다. 늙어서 경수가 끊어진 사라에게 하나님께서는 무수한 자손을 주시겠다고 약속하십니다. 사라는 자신의 불가능한 상황 때문에 하나님의 약속을 웃음으로 받고 있지만 말입니다. 12장 2,3절의 약속을 17장 이후에도 계속 확인할 수 있습니다. 18장 17,18절에는 12장 2,3절과 거의 동일한 내용이 담겨 있는데, 이는 하나님의 약속이 맹세로 보증된 언약임을 재확인해 줍니다.

"여호와께서 가라사대 나의 하려는 것을 아브라함에게 숨기겠느냐 아브라함은 강대한 나라가 되고 천하 만민은 그를 인하여 복을 받게 될 것이 아니냐."

이어서 22장을 보면, 아브라함이 이삭을 제물로 바친 이야기가 나옵니다. 하나님께서는 아브라함의 믿음을 확인하시고 나서 당신의 약속을 재확인해 주고 계십니다. 18절을 보십시오.

"또 네 씨로 말미암아 천하 만민이 복을 얻으리니 이는 네가 나의 말을 준행하였음이니라."

 그런데 교수님! 창세기 12장 2,3절의 약속이 성경 전체를 열어 주는 열쇠라는 의미는 아직도 모호한데요?

예, 이제 그 부분을 설명해 드리겠습니다. 베드로와 바울은 창세기 12장 3절의 약속이 예수 그리스도를 통한 만민의 구원으로 성취된다고 말하고 있습니다. 사도행전 3장 25절과 26절이 그에 대한 핵심 구절입니다. 베드로가 설교한 내용이죠. 중요한 구절이니 다 함께 읽어 보겠습니다.

"너희는 선지자들의 자손이요 또 하나님이 너희 조상으로 더불어 세우신 언약의 자손이라 아브라함에게 이르시기를 땅 위의 모든 족속이 너의 씨를 인하여 복을 받으리라 하셨으니 하나님이 그 종을 세워 복 주시려고 너희에게 먼저 보내사 너희로 하여금 돌이켜 각각 그 악함을 버리게 하셨느니라."

이 구절은 예수 그리스도께서 아브라함의 씨 곧 자손으로 오셔서 땅 위의 모든 족속이 구원의 복을 얻게 하셨음을 증거하고 있습니다. 하나님의 약속이 예수님을 통해서 그대로 이루어졌습니다. 아울러 중요한 말씀 한 구절 더 찾아 읽겠습니다. 갈라디아서 3장 14절입니다.

"이는 그리스도 예수 안에서 아브라함의 복이 이방인에게 미치게 하고 또 우리로 하여금 믿음으로 말미암아 성령의 약속을 받게 하려 함이니라."

이 구절은 세상 만민이 믿음으로 말미암아 의롭다 함을 얻게 되는 아브라함의 복을 받게 될 것과 의롭다 함을 얻은 사람들이 성령을 복으로 받을 것을 말하고 있습니다. 이런 의미에서 창세기 12장 2, 3절은 신구약 성경 전체를 관통해 내는 주제 구절이 되는 것입니다.

모세를 통하여 세우신 언약

 구약성경에 나오는 언약에 대해서 이야기할 때면, 아브라함 언약과 더불어 거의 언제나 모세 언약 또는 시내산 언약이 언급되는데, 이와 관련하여 교수님의 설명을 듣고 싶습니다.

좋은 질문입니다. 아브라함 언약과 짝을 이루는 언약이 바로 모세 언약입니다. 모세 언약을 이해하는 데 우선 중요한 것은, 이 언약이 세워지는 역사적 맥락을 짚어 보는 것입니다. 왜냐하면 아브라함 언약과 모세 언약의 역사적 맥락은 근본적으로 다른데, 이 근본 차이가 두 언약의 차이를 결정하기 때문입니다.

모세 언약은 아브라함에게 주신 '너로 큰 민족을 이루게 하시겠다'는 나라 언약의 일부가 성취되고 이스라엘 백성이 애굽으로부터 해방된 출애굽 사건 뒤에 세워진 것임을 기억해야 합니다. 출애굽은 사악한 통치자인 애굽 바로의 폭정 아래서 노예 노릇하던 이스라엘 백성이 하나님의 주권적인 은혜로 구원을 받은 사건입니다. 출애굽하기 전에 아브라함에게 주신 나라 언약의 일부가 성취되었다는 내용은 출애굽기 1장 7절, "이스라엘 자손은 생육이 중다하고 번식하고 창성하고 심히 강대하여 온 땅에 가득하게 되었더라"라는 말씀에 근거합니다. 이 구절은 아브라함에게 주신 나라 언약의 세 가지 요소 중 국민을 생육하고 번성하게 하시겠다는 약속의 성취를 의미하고 있습니다. 다시 말해, 야곱의 가족 칠십 인이 애굽으로 내려갔다가 출애굽 직전에는 약 삼백만 명의 큰 민족으로 번성했다는 말입니다.

그렇다고 해서 출애굽 사건이 그들을 애굽의 노예 상태로부터 해방시킨 정치적 의미만 있는 것은 아닙니다. 이것은 그들을 큰 나라로 만들어 주시겠다는 약속의 성취인 동시에 그 나라를 당신의 제사장 나라, 즉 영적인 사명을 가진 나라로 만드시겠다는 하나님의 계획의 성취입니다.

하나님께서는 출애굽기 19장 5절에서 "세계가 다 내게 속하였나니 너희가 내 말을 잘 듣고 내 언약을 지키면 너희는 열국 중에서 내 소유가 되겠고 너희가 내게 대하여 제사장 나라가 되며 거룩한 백성이 되리라"라고 말씀하십니다. 중요한 것은, 출애굽기 19장에서 24장 사이에 나오는 시내산 언약은 이스라엘 백성이 큰 나라가 되어 가는 과정에서 출애굽의 구원 역사를 경험한 후에 이루어진 사건이라는 점입니다.

시내산에서 모세를 통하여 하나님께서 세우신 언약의 주된 내용은 십계명으로 대표됩니다. 즉, 주권적인 은혜로 이스라엘 백성을 친 백성으로 삼으신 하나님께 순종할 때에는 출애굽을 통해 얻은 자유와 안식을 참되게 누리게 되고, 불순종할 경우에는 하나님의 형벌을 받고 때로는 자유와 안식마저 잃어버리게 된다는 내용입니다.

그렇다면 이 시내산 언약 즉 모세 언약과, 아브라함 언약의 관계는 어떻게 이해해야 하나요? 만일 시내산 언약으로 주어진 율법을 불순종하게 되면 아브라함과의 언약도 폐기되는 건가요?

정말 좋은 질문입니다. 사실 두 언약의 관계에 대한 바른 이해가 구약성경, 아니 성경 전체를 바르게 이해하는 열쇠가 됩니다. 우선 우리는 하나님께서 모세를 불러 이스라엘 민족을 애굽으로부터 나오게 하라고 명하실 때, 하나님께서 아브라함과 이삭과 야곱과 맺으셨던 언약을 기억하고 그 언약을 성취하시기 위해서 모세를 부르셨다는 점을 이해해야 합니다. 출애굽기 6장 2절에서 8절 말씀입니다.

"하나님이 모세에게 말씀하여 가라사대 나는 여호와로라 내가 아브라함과 이삭과 야곱에게 전능의 하나님으로 나타났으나 나의 이름을 여호와로는 그들에게 알지 아니하였고 가나안 땅 곧 그들의 우거하는 땅을 주기로 그들과 언약하였더니 이제 애굽 사람이 종을 삼은 이스라엘 자손의 신음을 듣고 나의 언약을 기억하노라 그러므로 이스라엘 자손에게 말하기를 나는 여호와라 내가 애굽 사람의 무거운 짐 밑에서 너희를 빼어 내며 그 고역에서 너희를 건지며 편 팔과 큰 재앙으로 너희를 구속하여 너희로 내 백성을 삼고 나는 너희 하나님이 되리니 나는 애굽 사람의 무거운 짐 밑에서 너희를 빼어 낸 너희 하나님 여호와인 줄 너희가 알지라 내가 아브라함과 이삭과 야곱에게 주기로 맹세한 땅으로 너희를 인도하고 그 땅을 너희에게 주어 기업을 삼게 하리라 나는 여호와로라 하셨다 하라."

이 구절을 통해서 우리가 알 수 있는 것은 이스라엘 백성이 애굽 땅에서 생육하고 번성한 것도, 또 애굽으로부터 해방되어 가나안 땅을 향해 가는 것도 결국 하나님께서 아브라함과 이삭과 야곱에게 주신 언약을 따라 이루어졌다는 사실입니다. 이 출애굽 사건은 장차 예수 그리스도께서 오셔서 사탄과 죄의 무거운 짐 밑에서 고생하는 당신의 백성을 십자가의 피로 구원하실 것에 대한 예표적인 사건입니다. 이스라엘 역사 속에서 일어난 가장 위대한 사건들 중 하나인 출애굽은 예수 그리스도를 통하여 이루실 하나님의 구원 역사를 미리 보여 주는 그림과 같습니다. 모세는 예수님을 예표하고, 바로는 사탄과 죄의 권세를 예표하고, 유월절 어린 양의 피는 예수 그리스도의 피를 예표하고 있지요.

 교수님! 아직까지 아브라함 언약과 시내산 언약의 관계에 대해서 충분히 설명하신 것 같지 않은데요?

예, 조금 더 역사적 정황을 설명해야 할 것 같네요. 그래야 두 언약의 관계가 바르게 규정될 수 있으니까요. 좀더 설명하자면, 유월절 어린 양의 피로 말미암아 출애굽을 시작한 이스라엘 백성이 홍해 바다를 기적적으로 건넌 사건을 사도 바울은 고린도전서 10장에서 이스라엘 백성이 민족적으로 세례 받은 사건이라고 해석하고 있습니다. 그러니까 신약적으로 말한다면, 이스라엘 백성이 거듭나고 중생함으로써 새사람이 되었다는 뜻입니다. 그리고 시내산 언약은 이렇게 구속되어 새사람이 된 이스라엘 백성과 맺으신 언약인 거고요.

이제 두 언약의 관계를 설명하겠습니다. 시내산에서 주어진 율법과 계명과 율례의 내용이 무엇이든지 간에 시내산 언약은 하나님의 백성에게 순종을 요구하시는 '행위의 언약'입니다. 반면에 시내산 언약이 주어지기 전에 이미 하나님께서 아브라함에게 주신 언약은 아무 공로나 업적이 없는 아브라함과 이스라엘 백성들에게 하나님께서 값없이 선물을 주신다는 '은혜의 언약'입니다.

하나님께서 이렇게 두 언약을 주시는 이유는 순종의 한계 내에서만 하나님의 백성들이 자유와 안식을 참되게 누릴 수 있다는 원리를 가르쳐 주시기 위함입니다. 다시 말하면 아브라함 언약은 나라의 골격과 구조에 대한 언약입니다. 즉, 나라를 이룰 백성을 주고, 땅을 주고, 나라가 국권을 갖게 하리라는 언약입니다. 반면에 시내산 언약은 그 나라의 헌법과 같습니다. 그 나라가 지향해야 할 가치가 무엇인지, 그리고 그 나라의 백성의 권리와 의무가 무엇인지, 그 나라의 문화는 어떠해야 하는지 등등 그 나라 백성의 삶과 관련된 언약입니다. 쉽게 말해, 아브라함 언약은 컴퓨터의 하드웨어에 해당하고 시내산 언약은 소프트웨어에 해당하는 언약이라고 할 수 있습니다.

시내산 언약을 통해서 하나님께서 이스라엘 백성에게 가르치시고자

하신 가치들에는 어떤 것들이 있나요?

앞에서도 잠깐 언급했듯이 시내산 언약은 결국 하나님의 거룩하신 뜻에 순종하라는 명령입니다. 순종하면 너희가 지금 누리는 자유, 안식, 풍요로움 등을 계속 누릴 수 있을 것이다, 그러나 순종하지 않으면 그 나라에서의 자유, 안식, 부요 등을 누리지 못하게 될 뿐 아니라 징계를 받게 될 것이고, 더 심할 경우에는 나라를 잃게 될 수도 있다는 언약입니다. 여기서 꼭 기억해야 할 중요한 사실은 아브라함 언약이 지향하는 목표가 곧 시내산 언약이라는 것입니다. 하나님께서 아브라함을 불러 큰 나라를 이루게 하시는 것은 결국 그 나라가 하나님의 뜻과 법을 순종하는 하나님의 백성이 되어 하나님의 거룩한 빛을 선전하게 하시려는 것이기 때문에 시내산 언약을 아브라함 언약의 지향점 또는 궁극적인 목표점이라고 보는 것이 옳습니다. 이것을 신약적으로 본다면, 무조건적이고 주권적인 은혜로 주어진 칭의稱義가 하나님의 뜻에 순종하는 성화를 지향하고 있고 성화가 칭의의 목표점이 된다는 사실과 연결됩니다. 따라서 아브라함 언약은 칭의적 언약이고, 시내산 언약은 성화적 언약인 것입니다.

아브라함과 모세에게 주신 언약은 어떻게 성취되었는가?

 교수님, 이렇게 아브라함 언약과 모세 언약을 이해하고 보니 구약성경 전체가 확 뚫리는 느낌입니다. 결국 창세기에서 에스더서에 이르

는 이스라엘의 역사가 사실상 이 두 언약의 성취 역사가 아닌가 싶습니다. 아울러 이스라엘 백성은 끊임없이 하나님을 배반하고 신실하지 못했지만, 하나님께서는 자신의 약속과 언약들에 변함없이 신실하셔서 때때마다 구원의 손길을 베푸셨음을 볼 수 있네요.

그렇습니다. 잘 이해하셨습니다. 우선 아브라함 언약의 관점에서 본다면, 출애굽 전에 이미 백성이 엄청나게 생육하고 번성했고, 이어서 민수기와 신명기 시대를 거치면서 요단 동편 땅의 일부를 정복하게 됩니다. 그리고 여호수아와 사사들을 통해서 요단 서편의 가나안 땅이 정복되기 시작하고, 그 땅들이 지파별로 분배됩니다. 여기서 우리는 여호수아서의 한 구절에 주목하게 됩니다. 여호수아 21장 43절에서 45절입니다.

"여호와께서 이스라엘의 열조에게 맹세하사 주마 하신 온 땅을 이와 같이 이스라엘에게 다 주셨으므로 그들이 그것을 얻어 거기 거하였으며 여호와께서 그들의 사방에 안식을 주셨으되 그 열조에게 맹세하신 대로 하셨으므로 그 모든 대적이 그들을 당한 자가 하나도 없었으니 이는 여호와께서 그들의 모든 대적을 그들의 손에 붙이셨음이라 여호와께서 이스라엘 족속에게 말씀하신 선한 일이 하나도 남음이 없이 다 응하였더라."

이 구절을 읽고 어떤 느낌이 드십니까? 과연 하나님께서 그분의 약속과 언약대로 이스라엘 백성에게 가나안 땅을 주셨음을 명확하게 증거하고 있지 않습니까? 룻기로 가면 신실한 이방 여인을 통해서 왕가를 준비하시는 하나님의 은혜를 볼 수 있습니다. 룻기 4장 마지막 부분에 보면, "살몬은 보아스를 낳았고 보아스는 오벳을 낳았고 오벳은 이새를 낳았고 이새는 다윗을 낳았더라"라고 전합니다. 즉, 이스라엘 나라의 위대한 왕이던 다윗의 증조모가 바로 룻이라는 말이죠. 룻기에 이어지는 사무엘상하에는 하나님께서 이스라엘을 큰 나라로 만들어 주시겠다는 약속 가운데서 왕들을 일으켜 국권을 세워 주시는 역사가 뚜렷하게 나타나 있습니다.

사무엘상을 살펴보면, 하나님에 대한 불신앙의 마음으로 인간 왕을 요구하는 이스라엘 백성에게 하나님은 사울을 허락하십니다. 하지만 사울은 통치자를 배출할 복을 받은^{창 49:10} 유다 지파 사람이 아니고, 베냐민 지파 사람이었습니다. 결국 사울은 하나님에 대한 불순종으로 멸망합니다. 이어서 하나님의 마음에 합한 사람인 유다 지파 사람 다윗이 왕이 되면서 국권을 세우게 되고 다윗과 솔로몬을 통하여 아브라함에게 주신 언약이 온전히 성취되는데, 이것이 사무엘상하와 열왕기상하의 메시지입니다.

이제 시내산 언약의 관점에서 구약의 역사를 좀더 살펴보도록 합시다. 시내산 언약의 내용을 요약하면 이렇습니다. 하나님께서 그분의 주권적인 은혜와 능력으로 이스라엘을 그분의 백성 삼으시고, 애굽의 무거운 짐 밑에서 빼어 내어 자유와 안식과 풍요를 주셨으므로 이제부터는 하나님만을 사랑하고, 섬기고, 하나님의 율법에 순종하여, 하나님의 거룩하심을 이루라, 만일 이 명령에 불순종할 경우 너희가 누리는 자유와 안식과 부요를 잃게 될 것이고, 하나님의 징계를 받을 것이고, 심한 경우 약속의 땅에서조차 쫓겨나리라고 말씀하십니다.

시내산 언약의 내용과 일치하는 성경 구절로 이스라엘 백성이 요단강을 건너 가나안 땅으로 가기 전에 모세가 이스라엘 백성에게 한 경고의 말씀이 있는데, 신명기 30장 15절에서 18절에 나옵니다.

"보라 내가 오늘날 생명과 복과 사망과 화를 네 앞에 두었나니 곧 내가 오늘날 너를 명하여 네 하나님 여호와를 사랑하고 그 모든 길로 행하며 그 명령과 규례와 법도를 지키라 하는 것이라 그리하면 네가 생존하며 번성할 것이요 또 네 하나님 여호와께서 네가 가서 얻을 땅에서 네게 복을 주실 것임이니라 그러나 네가 만일 마음을 돌이켜 듣지 아니하고 유혹을 받아서 다른 신들에게 절하고 그를 섬기면 내가 오늘날 너희에게 선언하노니 너희가 반드시 망할 것이라 너희가 요단을 건너가서 얻을 땅에서 너희의 날이 장구치 못할 것이니라."

이 구절에서도 알 수 있듯이, 이스라엘 백성에게 땅을 주실 때는 은혜로 값없이 주셨지만 그곳에서 순종하지 아니하면 반드시 망할 것이라는 금명은 시내산 언약의 특징을 보여 줍니다. 출애굽기의 시내산 언약은 신명기에만 아니라 여호수아서에서도 반복되고 있습니다. 여호수아는 자신이 하나님께로 돌아가기 전에 이스라엘 백성에게 시내산 언약, 즉 율법 언약을 잘 지키라고 경계하고 있습니다. 여호수아 23장 16절이 대표적인 구절인데, 말씀을 보면 이렇습니다.

"만일 너희가 너희 하나님 여호와께서 너희에게 명하신 언약을 범하고 가서 다른 신들을 섬겨 그에게 절하면 여호와의 진노가 너희에게 미치리니 너희에게 주신 아름다운 땅에서 너희가 속히 망하리라."

이것은 앞에서 읽은 모세의 경고와 매우 비슷한 내용입니다.

 그런데 이스라엘 백성은 계속해서 시내산 언약, 즉 율법 언약을 범하고 불순종하지 않습니까? 그들의 불순종에 대해 하나님께서는 어떻게 대응하셨나요?

예, 꼭 짚고 넘어가야 할 부분입니다. 이스라엘 백성은 계속해서 하나님의 율법을 거역하고 죄를 저지릅니다. 대표적인 것이 모세가 시내산에서 내려오지 않자 아론에게 강요하여 금송아지를 만들고 섬긴 사건이죠. 그때 하나님께서는 시내산 언약을 따라 그들에게 진노하시고 벌을 내리셨지만, 아브라함 언약을 따라 그들을 아주 멸하지 아니하시고 다시 기회를 주셨습니다.

뿐만 아니라 이스라엘 백성은 광야에서도 계속 하나님을 거역합니다. 사사기에 보면, 그들은 가나안 땅에 들어가서 우상숭배나 간음죄를 짓지 말라는 하나님의 명령에 반역하지요. 그때마다 하나님은 대적자들을 보내어 징계하시지만, 이스라엘 백성이 하나님께 부르짖으면 사사들을 보내어 구원해 주셨습니다. 이 사실들 역시 사람의 계속적인 불신실함에 대해 하나님께서 어떻게 사랑과 공의와 신실함으로 대응하시는지를 잘 보여 준다고 생각합니다.

그러나 중요한 것은 아브라함 언약이 이스라엘 백성이 진멸되지 아니하는 근거가 되긴 하지만, 하나님께서 궁극적으로 데려가시고자 하는 목적지는 바로 시내산 언약 즉 율법 언약을 잘 순종함으로 하나님만을 사랑하고 섬기는 그 거룩함의 자리라는 것입니다. 이 점을 놓칠 경우, 구약을 도덕폐기론적으로 읽게 되면서 그리스도인의 윤리적 순종의 삶의 중요성을 간과하는 심각한 오류를 범할 수 있습니다. 예를 들어, 우리가 아무리 죄를 범해도 하나님께서는 끝까지 용서하실 테니까 아무렇게나 살아도 괜찮아 하면서 하나님께서 주신 자유를 육체의 기회로 삼는 자세 말입니다.

"형제들아 너희가 자유를 위하여 부르심을 입었으나 그러나 그 자유로 육체의 기회를 삼지 말고 오직 사랑으로 서로 종노릇 하라" 갈 5:13.

신약 시대에도 율법폐기론자들이나 도덕폐기론자들이 나와서 자유의 이름으로 자신의 악하고 방탕한 삶을 합리화하고, 그 결과 예수님의 복음과 교회에 먹칠한 사람들이 많았습니다. 성경은 그러한 자들에 대하여 엄숙하고도 심각하게 경고하고 있습니다.

다윗에게 주신 약속

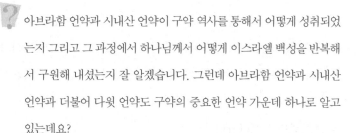 아브라함 언약과 시내산 언약이 구약 역사를 통해서 어떻게 성취되었는지 그리고 그 과정에서 하나님께서 어떻게 이스라엘 백성을 반복해서 구원해 내셨는지 잘 알겠습니다. 그런데 아브라함 언약과 시내산 언약과 더불어 다윗 언약도 구약의 중요한 언약 가운데 하나로 알고 있는데요?

그렇습니다. 하나님께서 다윗에게도 약속을 주시고 그 약속을 맹세로 언약하신 것 역시 구약 역사에서 대단히 중요합니다. 사무엘하 7장 12절에서 17절을 찾아봅시다.

"네 수한이 차서 네 조상들과 함께 잘 때에 내가 네 몸에서 날 자식을 네 뒤에 세워 그 나라를 견고케 하리라 저는 내 이름을 위하여 집을 건축할 것이요 나는 그 나라 위를 영원히 견고케 하리라 나는 그 아비가 되고 그는 내 아들이 되리니 저가 만일 죄를 범하면 내가 사람 막대기와 인생 채찍으로 징계하려니와 내가 네 앞에서 폐한 사울에게서 내 은총을 빼앗은 것같이 그에게서는 빼앗지 아니하리라 **네 집과 네 나라가 내 앞에서 영원히 보전되고 네 위가 영원히 견고하리라** 하셨다 하라."

하나님께서 다윗에게 약속한 것이 무엇인 것 같습니까? 이 구절의 핵심은 이스라엘 나라가 영원히 보전되고 그 위가 영원히 견고하리라는 약속입니다. 즉, 다윗 왕의 후손들이 영원한 왕위를 누리게 되리라는 약속입니다.

그런데 여기서 기억해야 할 것이 있습니다. 나라를 세우신다는 언약을 누구와 하셨는가 하는 점입니다. 하나님은 먼저 아브라함과 약속하시고, 이어서 이삭과 야곱에게 그 약속을 재확인시키셨습니다. 그리고 다윗 때에 와서 비로소 아브라함과 이삭과 야곱에게 하신 하나님의 언약이 성취되었습니다. 다시 말하면, 다윗 왕 때에야 비로소 이스라엘이 국민·국토·국권을 가진 큰 나라가 되었습니다. 하나님은 이런 맥락에서 다윗에게 이 나라가 영원하고 이 나라의 위가 영원히 보전될 것을 약속하고 계신 것입니다.

그렇다면 교수님, 다윗에게 주신 하나님의 약속은 어떻게 성취되었나요? 왕위가 영원히 견고하리라는 약속이 성취되려면 지금도 이스라엘 나라에 왕이 있어야 하는데 현대의 이스라엘은 수상이 정권의 영수 역할을 하지 않나요?

매우 중요한 지적입니다. 일단 구약의 역사를 통해서 보면, 이스라엘은 하나님께서 모세를 통해 주신 시내산 언약을 계속 범합니다. 심지어 다윗 왕가에 속한 후대의 왕들까지도 하나님의 율법을 어기고 우상숭배하며 간음을 행합니다. 하나님께서는 이들을 징계하셨고, 그 결과 남유다와 북이스라엘로 분단됩니다. 분단이 된 뒤에도 유다와 이스라엘은 계속 하나님을 반역합니다. 북이스라엘은 앗수르에 멸망당하고 남유다는 바벨론에 멸망당하여, 결과적으로 많은 사람들이 포로로 잡혀 가고 예루살렘성은 훼파되며 성전은 불타 버립니다.

하지만 하나님께서는 예레미야와 다른 선지자들을 통해서 포로 된 유다 백성이 다시 고토로 돌아올 것을 약속하셨고, 그 약속을 페르시아 제국 황제 고레스의 칙령을 통하여 이루셨습니다. 멀게는 아브라함과의 언약, 가깝게는 다윗과의 언약을 기억하시는 하나님께서 이스라엘 백성을 아주 멸하지 아니하시고 남은 자들을 돌아오게 하시고 회복시키셨습니다. 1차 포로귀환 시에는 스룹바벨을 중심으로 성전 재건이 이루어지고, 2차 포로귀환 때는 에스라가 영적 각성을 주도했으며, 3차 포로귀환 때는 느헤미야가 지도자가 되어 예루살렘 성벽을 재건합니다. 이 모든 것이 결국 아브라함과 다윗과의 언약을 하나님께서 신실하게 지키셨기 때문에 가능했습니다.

이스라엘이 회복된 뒤에도 다윗 왕가가 완전히 회복되지 않고 페르시아, 헬라, 로마 제국 등의 치하에서 고난을 겪게 되는데, 이스라엘 백성은 이 시기에 다윗 왕가를 다시 일으키고 자기들을 이방 제국의 식민 통치로부터 해방시킬 군사적인 메시아를 기다립니다. 그래서 마침내 다윗의 뿌리요 유대인의 왕이신 메시아가 오셨으나 이스라엘 백성은 자기들이 기대했던 정치적·군사적 왕이 아니라는 이유로 예수님을 십자가에 못박아 죽입니다. 그렇지만 예수님은 부활하심으로써 자신이 참 왕이심을 확증하셨고, 이어 승천하셔서 지금도 왕권을 가지고 다스리시고 계십니다. 바로 그런 의미에서 다윗에게 그 왕위가 영원하리라는 약속은, 다윗의 자손인 예수 그리스도의 영원한 왕권을 통해 성취되는 것입니다.

이제야 구약 전체의 역사가 한눈에 들어오는 것 같습니다. 그런데 교수님의 말씀을 듣는 중에 궁금증이 생겼습니다. 아브라함 언약과 다윗 언약이 이스라엘의 회복과 관련이 있다면, 이런 역사적 과정 중에서 시내산 언약의 역할은 어떻게 이해해야 하나요?

예레미야를 통하여 약속하신 새 언약

앞에서도 잠깐 언급했듯이 시내산 언약은 하나님 앞에서의 거룩한 삶을 위한 언약입니다. 아브라함 언약이 하나님과 이스라엘 백성과의 관계의 골격과 형식과 그릇을 만드는 언약이라면, 시내산 언약은 그 관계의 내용과 실체를 규정하는 언약입니다. 곧 아브라함 언약은 사람 편에서 어길 수 없지만, 시내산 언약은 사람 편에서 어기고 범할 수 있습니다. 실제로 이스라엘 백성은 끊임없이 시내산 언약을 범하고 하나님께 불순종해 왔습니다.

거룩한 삶과 순종의 삶을 요구하시는 하나님에 대한 반역으로 시내산 언약은 계속해서 깨어집니다. 그 결과, 북이스라엘은 이미 망했고, 남유다 왕국도 하나님의 심판을 자초하고 있었으며 바벨론의 공격이 가까워오고 있었죠. 아무런 희망이 없는 듯했습니다. 그런데 그때 하나님께서 선지자 예레미야를 부르시고 그가 전해야 할 말씀을 주셨습니다. 예레미야는 당시의 지도자들과 거짓 선지자들, 백성들의 범죄를 지적하고 회개를 촉구하였습니다. 하지만 그들은 예레미야가 전한 하나님의 경고를 듣지 않았지요. 결국 예레미야는 유다 백성이 회개하고 하나님께로 돌이키지 않으면 바벨론이 멸망하고 수많은 사람들이 포로로 잡혀 갈

것이며 성전이 훼파될 것이라고 예언합니다. 정말 절망적인 상황이었습니다.

그런데 이 절망의 상황에서도 하나님은 당신의 백성이 포로 된 지 70년 만에 회복되리라는 위로의 메시지를 주십니다. 그 메시지의 핵심은 시내산 언약보다 더 나은 언약인 '새 언약'을 세우시겠다는 것입니다. 예레미야 31장 31절에서 34절입니다.

"나 여호와가 말하노라 보라 날이 이르리니 내가 이스라엘 집과 유다 집에 **새 언약**을 세우리라 나 여호와가 말하노라 이 언약은 내가 그들의 열조의 손을 잡고 애굽 땅에서 인도하여 내던 날에 세운 것과 같지 아니할 것은 내가 그들의 남편이 되었어도 그들이 내 언약을 파하였음이니라 나 여호와가 말하노라 그러나 그날 후에 내가 이스라엘 집에 세울 언약은 이러하니 곧 내가 나의 법을 그들의 속에 두며 **그 마음**에 기록하여 나는 그들의 하나님이 되고 그들은 내 백성이 될 것이라 그들이 다시는 각기 이웃과 형제를 가리켜 이르기를 너는 여호와를 알라 하지 아니하리니 이는 작은 자로부터 큰 자까지 다 나를 앎이니라 내가 그들의 죄악을 사하고 다시는 그 죄를 기억지 아니하리라 여호와의 말이니라."

이 말씀에는 새 언약과 시내산 언약의 차이점이 드러나 있습니다. 새 언약의 가장 큰 특징은 하나님의 법을 백성 속에 두며 "그 마음"에 기록한다는 것입니다. 하나님의 법을 마음에 기록한다는 것은 무엇을 의미할까요? 시내산 언약의 십계명은 돌판에, 그리고 다른 율법들은 두루마리에 기록되었습니다. 즉, 순종을 요구받는 백성의 내부가 아닌 외부에 씌어진 것이죠. 이 말은 하나님의 법이 하나님의 백성과 멀리 떨어져 있었다는 뜻입니다.

그러나 이제 새 언약은 하나님의 법을 백성의 '마음판'에 기록함으로써 하나님의 법과 가까이 살면서 그 법을 순종하게 하시겠다는 하나님의 의지를 담고 있습니다. 동시에 백성의 마음 안에 거하시는 성령님께서 그들의 삶을 새롭고 더 깊은 방식으로 인도하실 것을 천명하고 있습니다.

예레미야 31장 31절에서 34절 말씀과 유사한 내용을 담고 있는 본문으로 에스겔서 36장 26절에서 27절 말씀이 있습니다.

"또 새 영을 너희 속에 두고 새 마음을 너희에게 주되 너희 육신에서 굳은 마음을 제하고 부드러운 마음을 줄 것이며 또 내 신을 **너희 속에 두어** 너희로 내 율례를 행하게 하리니 너희가 내 규례를 지켜 행할지라."

비록 에스겔서의 이 본문에 새 언약이라는 표현은 나오지 않지만, 예레미야가 예언하고 있는 새 언약 수립 사건과 에스겔서의 이 본문이 관련 있는 것은 분명합니다. 즉, 하나님의 법이 백성의 마음에 새겨질 뿐만 아니라, 하나님의 영이 백성의 마음에 내주하심으로 하나님의 뜻을 행하게 하실 것이라는 약속입니다.

다시 예레미야서의 본문으로 돌아가겠습니다. 이 구절에는 새 언약의 특징이 한 가지 더 나오는데, 하나님께서는 "내가 그들의 죄악을 사하고 다시는 그 죄를 기억지 아니하리라"라고 말씀하십니다. 즉, 죄 사함을 위한 희생제사도 폐지될 것이며 완전한 죄 사함을 주시리라는 약속입니다.

하나님께서 예레미야와 에스겔을 통해 주신 새 언약에 대한 약속은 결국 당신의 아들 예수 그리스도를 통해서 완전히 성취됩니다. 신약성경에 의하면 그리스도는 새 언약의 중보자이시며[히 8:7-13], 하나님 자신의 피로 새 언약을 세우십니다[눅 22:20]. 물론 시내산 언약도 피로 세운 언약이고 아브라함 언약도 피로 세운 언약입니다.

예수 그리스도는 십자가에서 피 흘려 죽으심으로 단번에 죄의 삯을 지불하셨습니다[히 9:12]. 예수 그리스도의 희생으로 말미암아 그리스도를 믿는 모든 사람에게 하나님의 완전한 용서가 주어집니다[롬 3:21-24]. 그리고 믿는 이들의 마음에 성령님께서 내주하셔서 하나님의 뜻을 따라 살도록 인도하십니다[롬 8:9-15]. 그래서 우리 모두는 왕 같은 제사장이 되어 하나님께 직접 나아갈 수 있게 됩니다[벧전 2:9-10]. 한마디로 우리 그리스도인들이 누리는 특권은 정말 위대합니다! 무엇보다 하나님께서 우리의 현재와 과거와 미래의 죄악을 그리스도의 보혈로 완전히 씻어 주신다는 것과 성령님께서 우리 안에 내주하셔서 이끄신다는 것은 우리 각자에게 정말 기쁜 소식이 아닐 수 없습니다.

구약성경, 오실 메시아에 대한 약속과 예언

교수님께서 구약성경을 구원사적 흐름 가운데 짚어 주시니 구약의 줄거리가 명확하게 잡히네요. 지금까지의 내용을 요약하면, 창세기부터 말라기까지 구약성경 전체는 죄인을 구원하시기 위해서 하나님께서 준비하시고 보내시는 메시아에 대한 약속과 예언의 내용이라는 말씀이죠?

그렇습니다. 아담과 하와가 범죄하여 타락하자마자 하나님께서는 여자의 후손이 와서 사탄의 권세를 멸할 것을 약속하셨습니다. 아브라함을 부르실 때도 아브라함의 씨로 말미암아 세상 만민이 구원의 복을 얻게 될 것을 약속했지요. 또 야곱이 하나님께로 돌아가기 전 치리

자의 홀과 지팡이가 메시아가 올 때까지 유다를 떠나지 아니하리라고 예언했습니다. 출애굽 당시 유월절 어린 양은, 장차 구원자로 오실 메시아가 세상 죄를 지고 가는 하나님의 어린 양으로서 죽임을 당하실 것에 대한 예언적 사건이었지요.

좀더 확대해서 살펴본다면, 레위기의 희생제사들 역시 예수님의 희생제사에 대한 예표적인 사건들이고, 민수기에 나오는 장대에 들린 놋뱀, 신명기에서 모세가 예언한 나와 같은 선지자, 그리고 땅을 정복하는 여호수아, 백성을 인도하는 사사들, 룻의 기업 무를 자 보아스, 위대한 왕 다윗 등도 장차 오실 예수님을 예표합니다. 파괴된 예루살렘 성전과 성곽을 회복하는 스룹바벨, 에스라, 느헤미야 등도 역시 예수님에 대한 예언적 표상이지요.

그런데 여기서 기억해야 할 것은 선지자들의 시대가 되면서 메시아에 대한 예언들이 더 구체적으로 주어지고 있다는 사실입니다. 이사야를 비롯한 다양한 선지자들이 메시아의 탄생과 삶과 죽음에 대하여 더 상세하게 예언하고 있습니다. 예를 들어, 이사야 7장 14절에서는 "처녀가 잉태하여 아들을 낳을 것이요 그 이름을 임마누엘이라 하리라"라고 예언하고 있고, 9장 6절에서는 메시아가 아기로 이 땅에 오시는데 그분이 바로 하나님 나라의 통치권을 갖고 오시는 분이며 "기묘자라, 모사라, 전능하신 하나님이라, 영존하시는 아버지라, 평강의 왕"이라고 불릴 것이며 영원토록 다윗의 위에 앉아서 다스릴 것을 예언하고 있습니다. 11장에도 메시아가 다윗의 후손으로 올 것이고 그분은 성령 충만 함으로 일할 것이라고 예언하고 있습니다.

이사야 42장 1절에서 4절은 "내가 붙드는 나의 종, 내 마음에 기뻐하는 나의 택한 사람을 보라 내가 나의 신을 그에게 주었은즉 그가 이방에 공의를 베풀리라 그는 외치지 아니하며 목소리를 높이지 아니하며 그 소리로 거리에 들리게 아니하며 상한 갈대를 꺾지 아니하며 꺼져 가는 등불을 끄지 아니하고 진리로 공의를 베풀 것이며 그는 쇠하지 아니하며 낙담하지 아니하고 세상에 공의를 세우기에 이르리니 섬들이 그 교훈을 앙망하리라"고 말합니다.

마태는 이 예언이 예수님의 삶을 통해서 그대로 성취되었다고 증거합니다. 마태복음 12장 15절에서 21절에서 마태는 예수님께서 많은 사람의 병을 고치시고도 자기를 나타내지 말라고 경고하신 이유가 바로 선지자 이사야로 말씀하신 예언을 이루려 하심이라고 증거하고 있습니다. 이사야 53장에는 메시아가 어떻게 고난을 받을 것인지에 대한 예언이 담겨 있습니다. 61장 1절에서 3절은 메시아가 오셔서 하실 사역에 대하여 예언하고 있습니다.

"주 여호와의 신이 내게 임하셨으니 이는 여호와께서 내게 기름을 부으사 가난한 자에게 아름다운 소식을 전하게 하려 하심이라 나를 보내사 마음이 상한 자를 고치며 포로 된 자에게 자유를, 갇힌 자에게 놓임을 전파하며 여호와의 은혜의 해와 우리 하나님의 신원의 날을 전파하여 모든 슬픈 자를 위로하되 무릇 시온에서 슬퍼하는 자에게 화관을 주어 그 재를 대신하며 희락의 기름으로 그 슬픔을 대신하며 찬송의 옷으로 그 근심을 대신하시고 그들로 의의 나무 곧 여호와의 심으신 바 그 영광을 나타낼 자 일컬음을 얻게 하려 하심이니라."

마태와 누가는 각각 이 예언이 예수님의 공생애를 통하여 그대로 이루어졌음을 증거하고 있습니다.

 이사야 외에 다른 선지자들의 예도 좀 들어 주세요.

다니엘 7장 14절에는 하나님께서 인자 같은 이에게 하나님 나라의 영원한 통치권을 주신다는 예언이 나옵니다. 미가 5장 2절에는 메시아가 베들레헴에서 태어날 것을 예언하고 있고, 스가랴 9장 9절에는 메시아가 나귀새끼를 타고 예루살렘에 입성할 것을 예언하고 있습니다. 말라기 4장 4절에서 6절에는 메시아가 오기 전에 엘리야가 와서 회개를 촉구할 것이라고 예언하고 있는데, 이것을 예수님은 엘리야의 심령을 가진 세례 요한이었다고 해석하셨습니다. 이외에도 시편에는 다윗의 입을 통해서 메시아가 고난당하실 것에 대한 구체적인 예언이 있습니다. 대표적인 실례가 시편 22편입니다. 다윗은 메시아가 당할 십자가 사건을 미리보며 예언하고 있습니다.

결국 구약성경 전체는 하나님의 아들 예수 그리스도가 죄인을 구원하시고 하나님의 나라를 세우실 메시아로 오신다는 약속과 예언으로 가득차 있습니다. 그러므로 우리는 구약을 그 시대적·역사적 배경 속에서 읽는 법을 배울 뿐만 아니라, 구약성경 전체가 증거하는 예수 그리스도를 발견할 수 있어야 합니다.

정 교수의 특강 정리 노트

언약 covenant   하나님께서 사람
에게 구두로 약속하신 것을 법적인 효력이 있는 약정으로 공식화한
것을 의미한다. 아브라함 언약, 시내산 언약, 다윗 언약, 새 언약 등
이 대표적이다.

새 언약 new covenant   구약의 모세를 통해서 세운 시내산 언
약과 대조되는 언약으로, 예수 그리스도의 보혈을 통하여 세워진
다. 완전하고도 영원한 죄 사함과 성령님의 내주하심과 인도가 새
언약의 주된 내용이다.

율법폐기론/도덕폐기론 antinomianism   예수 그리스도께서 오셔서
율법을 폐지하셨으므로 성도는 더 이상 율법의 도덕적 요구를 따라
살 필요가 없다는 주장. 율법폐기론자들은 그리스도 안에서 주어진
자유를 극단적으로 강조함으로써 방탕과 합리화로 교회에 해악을
끼쳤다. 입술로 신앙을 고백하기만 하면 어떤 죄를 짓더라도 천국
에 간다는 구원파적 주장과 연결되어 있다.

1. 아담과 하와 타락 직후 죄인을 구원하시기 위해서 하나님께서 취하신 조치에는 어떤 것들이 있습니까?

2. 하나님께서 아브라함을 부르시고 약속을 주신 사건^{창12:1-3}이 왜 성경 전체를 관통하는 주제 구절이 될 수 있습니까?

3. 구약에 나타나는 아브라함 언약과 시내산 언약의 관계를 설명해 보십시오.

4. 하나님께서 다윗과 맺으신 언약의 구원사적 의미는 무엇입니까?

5. 예레미야와 에스겔을 통해 주신 새 언약에 대한 예언은 어떻게 성취되었나요?

예수 그리스도에 대하여 특강 4

지금까지 우리는 계시와 성경에 대해서, 하나님의 본질과 성품에 대해서, 그리고 인간의 죄와 하나님의 구원 역사에 대해서 공부했습니다. 오늘은 예수 그리스도는 어떤 분이며 어떤 사역을 하셨는지를 다루는 기독론에 대해서 살펴보도록 하겠습니다. 좀 어려운 부분이긴 하지만, 기독교 진리의 중심에 해당하는 부분이니 주의 깊게 강의를 경청해 주시기 바랍니다. 질문이 있으면 중간중간 손을 들어 표해 주십시오.

예수 그리스도는 어떤 분인가?

기독론은 조직신학의 한 분야로서 예수 그리스도의 인격과 사역을 다룹니다. 기독론의 가장 큰 주제는 '예수 그리스도는 어떤 분인가?' 하는 것, 즉 그분의 본질과 성품입니다. 그리고 '예수 그리스도는 무슨 일을 하시는가?', 즉 예수님의 사역이 그 다음으로 중요한 주제입니다.

예수 그리스도가 어떤 분인지 알기 위해서 우리는 무엇에 의지해야 할까요? 그렇습니다. 바로 성경입니다. 성경이야말로 예수 그리스도가 어떤 분인지 알려 주는 유일무이한 원천이니까요. 일반 역사가들의 작품 속에도 예수님에 관한 기록들이 나오긴 합니다. 예를 들어, 로마의 역사가 타키투스Tacitus, 55-117나 유대 역사가 요세푸스Josephus, 37-100 같은 사람들도 자신들의 저작에서 예수님의 죽으심과 부활에 대한 소문 등을 기록하고 있지요. 하지만 예수님에 대해서 가장 분명한 정보를 주는 것은 오직 성경뿐입니다.

 성경은 예수 그리스도가 어떤 분이라고 가르치고 있나요?

성경은 예수 그리스도가 사람의 몸을 입고 이 세상에 오시기 전에 이미 영원한 성자 하나님, 곧 하나님의 아들로 존재하셨음을 가르칩니다. 이 성자 하나님은 성부 · 성령 하나님과 긴밀한 인격적 교제 속에 계셨습니다. 이렇게 존재하시는 것을 가리켜 조직신학에서는 예수 그리스도의 '영원성' '선재성'先在性이라고들 하는데, 이를 증거하는 가장 대표적인 말씀으로는 요한복음 1장 1절이 있습니다.

"태초에 **말씀**이 계시니라 이 말씀이 하나님과 함께 계셨으니 이 말씀은 곧 하나님이시니라."

여기서 "말씀"은 성자 하나님을 지칭합니다. 이 성자 하나님은 태초에 하나님과 함께 계셨습니다. 성자 하나님은 성부 · 성령 하나님과 구별되면서도 성부 · 성령 하나님과 동일하고 동등한 신성을 가지고 계십니다. 요한복음 1장 1절은 이 점을 가르쳐 주고 있지요.

요한복음 1장 1절 외에 예수님을 하나님으로 부르는 구절들이 성경

곳곳에 많이 나오는데, 요한복음 20장 28절을 예로 들 수 있습니다. 의심 많은 도마가 부활하신 예수님을 만나 그분의 못 자국을 만져 보고는 "나의 주시며 나의 하나님이시니이다"라고 고백한 내용입니다. 중요한 것은 이러한 도마의 고백을 듣고서 예수님은 도마의 생각이 틀렸다고 지적하시거나, 도마의 생각을 수정하지 않으셨다는 사실입니다. 즉, 예수님께서도 도마의 고백을 옳은 고백으로 받아들였죠. 결론적으로 예수님도 자신이 하나님이요 주시라는 사실을 인식하고 계셨습니다.

몇 구절 더 말씀드리겠습니다. 로마서 9장 5절에서 사도 바울은 "육신으로 하면 그리스도가 저희에게서 나셨으니 저는 만물 위에 계셔 세세에 찬양을 받으실 하나님이시니라"라고 말하고 있습니다. 이 구절 역시 너무도 명백하게 예수 그리스도가 하나님이심을 선언하고 있지요. 이외에 빌립보서 2장 6절, 히브리서 1장 8절, 디도서 2장 13절, 요한일서 5장 20절 등이 증거 구절이 됩니다.

 예수님의 하나님 되심에 대해서는 이제 잘 알겠습니다. 그런데 이 영원하신 성자 하나님께서 인간의 몸을 입고 성육신하심으로써 인성을 입으셨지 않습니까?

좋은 지적입니다. 성경은 예수 그리스도의 성육신과 인성에 대해서도 자세히 증거하고 있습니다. 예수님의 성육신과 관련한 대표적인 구절은 요한복음 1장 14절 말씀입니다.

"말씀이 육신이 되어 우리 가운데 거하시매 우리가 그 영광을 보니 아버지의 독생자의 영광이요 은혜와 진리가 충만하더라."

이 구절은 하나님의 아들이 인간의 몸을 입고 이 땅에 오셨음을 증거합니다.

이외에 예수님의 인성을 확증해 주는 성경 내용이 많은데, 예수님께서 금식하신 후 주리셨던 것, 사역으로 피곤하셨던 것, 목이 말라 수가성 여인에게 물을 구하셨던 것, 나사로의 죽음에 대하여 애통해 하시고 우셨던 것 등이 구체적인 실례입니다. 또 예수님께서 십자가에 달리셨을 때 피와 물이 쏟아진 것도 아주 명백한 증거가 됩니다. 피와 물은 예수님의 육신이 참 사람의 몸이었음을 입증해 주니까요.

그럼에도 초대 교회 당시 몇몇 이단 세력들은 예수님의 인성을 철저히 부인했습니다. 그 당시에 '도세티즘'Docetism, 가현설이라는 이단적 사상이 널리 퍼져서 예수님이 참 인간으로 이 세상에 오신 것이 아니라 그저 사람들의 눈에 그렇게 보이는 환영에 불과했다는 주장을 내세웠습니다. 이 도세티즘이 나중에는 영지주의에 흡수되면서 더 강력한 세력이 되지요. 하지만 성경은 명백히 예수님이 참 인간으로 세상에 오셨음을 증거합니다. 특히 요한일서에 그에 대한 내용이 많이 나오는데, 요한일서 4장 1절에서 3절까지가 그 핵심 구절입니다.

"사랑하는 자들아 영을 다 믿지 말고 오직 영들이 하나님께 속하였나 시험하라 많은 거짓 선지자가 세상에 나왔음이니라 하나님의 영은 이것으로 알지니 곧 예수 그리스도께서 육체로 오신 것을 시인하는 영마다 하나님께 속한 것이요 예수를 시인하지 아니하는 영마다 하나님께 속한 것이 아니니 이것이 곧 적그리스도의 영이니라 오리라 한 말을 너희가 들었거니와 이제 벌써 세상에 있느니라."

이 구절에서 우리는 예수님이 참 하나님이실 뿐 아니라 참 인간의 몸을 입고 이 땅에 오셨다는 것이 얼마나 중요한지 알 수 있습니다. 이 사실을 받아들이느냐 받아들이지 않느냐에 따라서 하나님께 속한 영과 적

그리스도의 영이 구별됩니다.

 초대 교회에서 교부 시대로 넘어오면서 예수 그리스도의 신성과 인성
에 대한 논쟁이 더 격화되고, 그 결과 정통교회들이 신경을 작성하고
공적으로 신앙을 고백한 것으로 알고 있는데요, 이 부분을 설명해 주
시겠습니까?

저도 그 부분을 짚고 넘어가려고 했습니다. 3세기 말 4세기 초
에 아리우스Arius, 250?-336?라는 사람이 등장해서, 예수님은 하나님 아버지와
동등한 신성을 가지신 분이 아니라 단지 특별한 능력을 소유한 피조물
에 불과하다고 주장했습니다. 정통교회는 아리우스를 따르는 추종 세력
이 큰 위협으로 다가오자 주후 325년 로마 황제 콘스탄티누스의 도움으
로 터키 지역의 니케아에서 공의회를 소집하게 됩니다. 그리고 그 공의
회에서 정통교리를 수호하기로 결정하고, '니케아 신경'Nicene Creed을 채택
합니다. 니케아 신경은 예수 그리스도가 하나님 아버지와 동일한 신적
본질을 가지신 하나님의 아들이심을 선포하고 있습니다.

그 당시 아리우스에 대항해서 정통교리를 변호한 사람은 바로 아타나
시우스Athanasius, 296-373입니다. 아타나시우스는 이집트 알렉산드리아의 주교
로서 당대 가장 위대한 신학자였습니다. 특히 그는 아리우스의 이단 사
상을 비판하고 정통교리 확립에 지대한 공헌을 하였습니다.

이어서 주후 451년 칼케돈Chalcedon에서 열린 제4차 공의회에서 정통교
회는 예수 그리스도의 신성과 인성이 그분의 한 인격 안에서 분리, 변화,
혼돈, 분열 없이 연합되었다는 '칼케돈 신경'을 작성하게 됩니다. 결국
예수님은 참 하나님이시자 참 사람이시라는 성경의 가르침이 참된 진리

임을 재확인한 것이지요.

예수 그리스도가 이 세상에 오신 이유

그렇다면 여기서 한 가지 중요한 질문을 던져 볼 수 있습니다. 하나님 이신 예수님께서 이 세상에 왜 오셨는가 하는 것입니다. 이 질문은 신학적으로도 매우 중요한 의미가 있습니다.

본래 하나님의 아들이신 예수 그리스도께서 이 세상에 오신 이유와 목적에 대해서 성경은 한 가지로만 말하지 않고 여러 가지로 제시합니다. 하지만 이 여러 목적들이 상호 모순되는 것이 아니라 상호 보완적이고 통일된 것이라는 점에 유의해야 합니다.

우선 마태복음 1장 21절이 가르치는 것처럼, 예수님은 자기 백성을 그들의 죄에서 구원하시기 위해서 오셨습니다. 즉, 죄의 현존과 죄의 권세와 죄에 대한 정죄와 죄의 삯인 사망으로부터 우리를 구원하시기 위해서 오셨습니다. 저는 이것이 예수님이 이 땅에 오신 가장 근본적인 목적이라고 생각합니다. 마가복음 10장 45절에서 예수님은 "인자의 온 것은 섬김을 받으려 함이 아니라 도리어 섬기려 하고 자기 목숨을 많은 사람의 **대속물**로 주려 함이니라"라고 말씀하십니다. 여기서 예수님이 자기 목숨을 "대속물"ransom로 주신다는 것은 곧 죄와 사망의 종노릇 하는 우리를 해방시키고 구속하시기 위해 값을 대신 지불함으로써 구원의 역사를 이루시겠다는 의미입니다. 그러니까 예수님은 분명한 목적을 갖고 이 땅에 오셨고, 그 목적 속에는 죄인을 위하여 자신의 생명을 바치실 것이 포함되어 있는 거죠.

히브리서 1장 3절은 예수님께서 "죄를 정결케 하는 일을 하시고 높은 곳에 계신 위엄의 우편에 앉으셨느니라"라고 증거합니다. 이는 예수님께서 세상에 오신 주된 목적이 바로 죄를 정결케 함으로 죄인들을 죄로부터 해방시키고 구원하시는 일이었음을 가르쳐 줍니다.

 예수님은 죄인을 구원하시기 위해 이 땅에 오셨지만, 마귀를 멸하시기 위해서도 오시지 않았나요?

잘 지적해 주셨습니다. 성경은 죄인을 구원하는 일과 마귀를 멸하는 일을 동일한 사건의 양면으로 묘사합니다. 요한일서 3장 8절이 대표적인 예입니다.

"죄를 짓는 자는 마귀에게 속하나니 마귀는 처음부터 범죄함이라 하나님의 아들이 나타나신 것은 마귀의 일을 멸하려 하심이니라."

이 구절을 통해 우리가 세 번째 시간에 같이 나누었던 창세기 3장 15절 말씀을 기억해 볼 수 있습니다. 하나님께서 하와에게 주신 원시 복음, 즉 네 후손이 마귀의 머리를 상하게 하리라는 말씀에도 나타나 있듯이 예수님께서 오신 목적 가운데 하나는 마귀의 일을 멸하시는 것입니다. 여기서 마귀의 일은 바로 죄를 짓게 하는 일입니다.

이와 관련해서 히브리서 2장 14, 15절 말씀이 대단히 중요합니다.

"자녀들은 혈육에 함께 속하였으매 그도 또한 한 모양으로 혈육에 함께 속하심은 사망으로 말미암아 사망의 세력을 잡은 자 곧 마귀를 없이 하시며 또 죽기를 무서워하므로 일생에 매여 종노릇 하는 모든 자들을 놓아 주려 하심이니."

이 구절에 드러나 있듯이 예수님께서 사람의 혈과 육을 입고 오신 것은 마귀를 없이 하려는 것이었고, 그것은 결국 사망의 권세 아래 종노릇 하는 사람들을 구원하시고 해방시키는 것과 동일한 일입니다. 예수님께서 마귀를 멸하려 오셨다는 것은 하나님의 나라를 회복하고 완성하시기 위해 오셨다는 의미도 됩니다. 아담과 하와가 타락하고 죄가 이 세상에 들어온 후 "온 세상은 악한 자 안에 처한" 요일 5:19 상태가 되었으며, 마귀는 이 세상의 임금이 되었습니다. 예수님께서 이 땅에 오셔서 마귀를 멸하신 것은 결국 하나님의 나라를 이 땅에 임하게 하시고 완성하심을 의미합니다. 요한복음 18장 35절에서 37절에 나오는 예수님과 빌라도의 대화가 좋은 실례입니다.

"빌라도가 대답하되 내가 유대인이냐 네 나라 사람과 대제사장들이 너를 내게 넘겼으니 네가 무엇을 하였느냐 예수께서 대답하시되 내 나라는 이 세상에 속한 것이 아니라 만일 내 나라가 이 세상에 속한 것이었더면 내 종들이 싸워 나로 유대인들에게 넘기우지 않게 하였으리라 이제 내 나라는 여기에 속한 것이 아니니라 빌라도가 가로되 그러면 네가 왕이 아니냐 예수께서 대답하시되 네 말과 같이 내가 왕이니라 내가 이를 위하여 났으며 이를 위하여 세상에 왔나니 곧 진리에 대하여 증거하려 함이로라 무릇 진리에 속한 자는 내 소리를 듣느니라 하신대."

이 구절을 통해 우리는 예수님께서 오신 목적이 이 타락한 세상에 속하지 않은 당신의 나라, 즉 하나님의 나라를 이 땅 위에 임하게 하시고 죄인들을 구원하여 그 나라에 들어가게 하시기 위함임을 더욱 분명히 깨닫게 됩니다.

하나님 나라의 왕이신 주님께서 세상에 오심으로써 하나님의 나라는 이 땅에 임했습니다. 그리고 그 하나님 나라의 통치가 개인의 심령 속에서 또 가정과 교회와 같은 공동체 속에서 실현되게 되었습니다. 이미 실현된 이 통치는 장차 예수 그리스도께서 재림하실 때 완전히 성취될 것입니다.

예수님의 처음 설교는 "회개하라, 천국이 가까웠느니라"였으며, 주님은 하나님 나라를 여러 가지 비유로 설명하셨습니다. 또 하나님 나라의 백성이 어떻게 살아야 하는지 알려 주시기 위해서 하나님 나라의 헌법에 대해 가르치셨으며, 심지어 십자가에 죽으시고 부활하신 후 이 땅에 40일간 계시는 동안에도 하나님 나라에 관한 것을 말씀하셨습니다[행 1:3].

그렇다면 과연 하나님 나라에는 누가 들어갈 수 있을까요? 예수님께서 가르치신 대로, 누구든지 자신이 죄인임을 인정하고 과거의 죄 된 삶을 회개하고 예수 그리스도를 주와 구주로 믿고 거듭나고 중생하는 사람은 하나님 나라를 볼 수 있고 그 나라에 들어갈 수 있습니다. 그 나라에 들어간 사람들은 예수님을 주님으로, 임금으로 모시고 그분의 통치 하에서 살아감으로써 "성령 안에서 의와 평강과 희락"[롬 14:17]을 누리게 됩니다. 요한복음 10장 10절, "내가 온 것은 양으로 생명을 얻게 하고 더 풍성히 얻게 하려는 것이라"라는 말씀처럼 예수님을 믿고 예수님의 나라에 들어온 사람들은 생명을 얻고 더 풍성히 얻게 되는 체험을 하게 됩니다.

지금까지 예수님께서 왜 이 땅에 사람의 몸을 입고 오셨는지 말씀드렸습니다. 이제 예수님의 삶과 사역에 대해서 알아봅시다.

예수 그리스도의 삶과 사역

예수님의 삶과 사역에 대해 가장 깊은 통찰을 주는 구절은 마태복음 9

장 35, 36절 말씀입니다.

"예수께서 모든 성과 촌에 두루 다니사 저희 회당에서 가르치시며 천국 복음을 전파하시며 모든 병과 모든 약한 것을 고치시니라 무리를 보시고 민망히 여기시니 이는 저희가 목자 없는 양과 같이 고생하며 유리함이라."

이 구절은 예수님께서 이 땅에 오셔서 하신 주된 사역이 무엇인지 가르쳐 줍니다. 즉, 예수님의 네 가지 사역을 말해 주지요. 예수님의 사역에는 가르치는 사역, 복음전파 사역, 치유 사역, 그리고 사람들을 불쌍히 여기시는 구제 사역이 있습니다. 이제 이 네 가지 사역에 대해 구체적으로 말씀드리겠습니다.

먼저 가르치는 사역에 대해 알아봅시다. 예수님께서 가르치신 주요 내용은 하나님의 말씀과 하나님의 뜻에 관한 것이었습니다. 예수님은 구약성경을 자주 인용하시어 하나님의 말씀을 풀어 주시고 죄인을 향한 하나님의 뜻과 믿는 이들을 향한 하나님의 뜻을 가르치셨습니다. 예수님의 가르치시는 사역은 예수님께서 메시아, 즉 기름 부음을 받은 자로서 가지고 계시던 세 가지 직분 중에서 예수님의 선지자직과 관련되어 있습니다.

히브리어 '메시아'는 '기름 부음을 받은 자' the anointed One 라는 뜻이고, 이 말을 헬라어로 번역하면 '그리스도'가 됩니다. 구약 시대에 기름을 부어서 세운 직분은 '왕직'과 '선지자직'과 '제사장직'입니다. 예수님은 성령의 기름 부음을 받으신 메시아로서 구약이 대망한 참 왕, 참 선지자, 참 제사장으로 이 땅에 오셨습니다. 예수님은 구약의 선지자들이 하나님의 말씀을 전하고 가르치고, 하나님의 백성을 향하여 하나님의 뜻을 전달했던 그 사역을 완성해 나가셨습니다.

이제 예수님의 두 번째 사역인 복음전파 사역에 대해 알아봅시다. 여기서 중요한 것은 예수님께서 전파하신 복음의 핵심 메시지가 천국, 즉 하나님의 나라였다는 사실입니다. 예수님은 하나님의 나라가 그분의 인격과 삶과 사역 속에 이미 임해 있다는 것 그리고 누구든지 그분께로 나아와서 회개하고 그분께서 주시는 천국을 받아들이는 자는 천국을 소유하고 그 천국에 들어갈 수 있다는 것을 거듭거듭 전파하셨습니다.

예수님은 천국 복음을 전파하실 때 '비유'를 사용하셨습니다. 예수님의 네 가지 사역에서 조금 벗어나는 면이 있긴 하지만, 중요한 대목이기에 짚고 넘어가겠습니다. 사복음서에서 우리는 예수님께서 수많은 비유들을 통해서 하나님의 나라를 전파하셨음을 발견하게 됩니다. 우리가 잘 아는 탕자의 비유나 선한 사마리아인의 비유, 겨자씨 비유 등 거의 모든 비유들이 천국 복음을 전파하기 위한 수단으로 사용되었습니다.

그렇다면 예수님께서 비유를 왜 사용하셨을까요? 몇 가지로 대답할 수 있습니다. 우선 구약성경에 메시아가 오시면 비유로 가르치실 것이라는 예언이 있는데, 이 예언을 성취하는 의미가 크다고 생각합니다. 마태복음 13장 34, 35절에서 마태는 예수님께서 비유로 가르치신 이유를 시편의 예언을 이루기 위해서라고 증거합니다.

"예수께서 이 모든 것을 무리에게 비유로 말씀하시고 비유가 아니면 아무것도 말씀하지 아니하셨으니 이는 선지자로 말씀하신 바 내가 입을 열어 비유로 말하고 창세부터 감추인 것들을 드러내리라 함을 이루려 하심이니라."

아울러 비유는 청중들이 쉽게 이해할 수 있는 장점이 있습니다. 그렇지만 한편으로 당대의 종교 지도자들은 예수님의 비유를 제대로 이해하지 못하기에 그들이 이해하지 못하도록 하기 위해서도 비유로 말씀하셨습니다.

　그러면 예수님의 세 번째 사역인 치유 사역은 어떻게 이해해야 할까요? 예수님의 치유 사역도 메시아가 오면 벙어리가 말하게 되고, 귀머거리가 듣게 되고, 소경이 눈을 떠 보게 되리라는 구약의 예언을 성취하는 측면이 있습니다. 동시에 이런 치유 사역을 통해서 하나님의 영광과 능력을 드러내고, 당신이 참 메시아이심을 믿게 하고, 예수님의 사랑을 실천하시는 등 다양한 의미가 있습니다. 치유 사역은 궁극적으로 예수님께서 십자가에 달려 죽으시고 부활하심으로써 우리를 죄와 사망에서 구원하시는 사역에서 클라이맥스에 달하게 됩니다. 예수님이 채찍에 맞음으로 우리가 나음을 입는다는 이사야 53장의 예언과도 일맥상통한다고 볼 수 있지요.

　마지막으로 예수님의 긍휼 사역에 대해서 말씀드리겠습니다. 예수님은 무리를 보시고 민망히 여기셨습니다. 그들을 불쌍히 여기시고 그들을 향하여 긍휼한 마음을 품으셨지요. 예수님께서 병자들을 치유하실 때 복음서는 예수님의 마음이 민망했다는 표현을 자주 씁니다. 결국 그것은 예수님의 치유 사역과 긍휼 사역이 서로 깊은 관련이 있다는 뜻입니다. 그럼에도 긍휼 사역 자체에 독특성이 있습니다. 대표적인 예로는 예수님께서 오병이어로 남자만 오천 명을 먹이시고 칠병이어로 장정만 사천 명을 먹이신 사건이 있습니다. 예수님은 영적으로 굶주린 자들에게 영적인 양식인 하나님의 말씀을 주셨을 뿐만 아니라, 육적으로 굶주린 자들에게 육신의 양식도 베풀어 주셨습니다. 주님께서 이들을 먹이실 때, 주님은 그들을 향한 긍휼의 마음을 가지고 행하셨습니다.

 이러한 네 가지 중점 사역 외에 예수님의 삶과 사역 가운데 두드러진 특징들이 더 있는 것으로 알고 있는데요? 예를 들어, 예수님께서 여성을 대하신 태도나 예수님께서 죄인의 친구라고 불린 사실 등 말입니다.

예수님은 그 시대에 가장 가난하고 소외되고 불쌍한 사람들의 친구가 되어 주셨습니다. 이런 사람들 가운데에는 범죄자, 이방인, 여성, 고아, 과부, 어린이, 천한 직업을 가진 사람들이 포함되어 있습니다. 그 당시에 범죄자로 낙인찍힌 사람들 중에는 세리가 있었습니다. 세리들은 친로마파로서 이스라엘 백성에게 반역자로 몰렸는데, 이들 중에는 정직하게 과세하기보다는 너덧 배 이상 과세한 후 일부를 당국에 신고하고 나머지는 개인적으로 착복하여 치부하는 사람들이 많았습니다. 그 중에 대표적인 사람이 삭개오입니다. 사람들은 그를 멀리하고 비난했지만 예수님은 그에게 사랑으로 찾아가셔서 그의 삶을 완전히 바꾸어 놓으셨습니다.

또 당시에 천한 직업을 가진 사람들 중에 윤락여성이 있었습니다. 대표적인 인물이 막달라 마리아죠. 예수님은 이 여인을 불쌍히 여기시고 온전히 회복시켜 주셨습니다. 그래서 막달라 마리아는 예수님의 부활을 처음으로 목격한 사람들 중 한 사람이 되는 특권을 누렸습니다.

예수님은 또 어린이들을 참 사랑하셨습니다. 어린이들은 당시 인구조사에도 포함이 안 될뿐더러, 인격적인 대우를 받지 못했습니다. 그러나 예수님은 어린아이들이 내게로 오는 것을 금하지 말라고 하시며, 그들을 껴안으시고 안수하시고 축복하셨습니다. 이것은 시대의 통념을 깨는 혁명적인 모습입니다.

아울러 복음서에는 예수님께서 여성들을 인격적으로 대하시는 모습,

그 중에서도 이방 여인들을 불쌍히 여기시며 그들의 필요를 채워 주시는 모습이 들어 있습니다. 과부를 불쌍히 여기셔서 죽은 과부의 아들을 살려 내시는 대목도 있고요.

예수님은 질병과 죽음과 가난 속에서 신음하는 죄인들에 대하여 사랑과 자비가 넘치는 사역을 행하셨으며, 그들을 참 안식으로 인도하는 삶을 사셨습니다. 그런데 이렇게 사랑이 충만한 삶, 도덕적으로 흠 없는 삶을 사신 예수님께서 가히 상상할 수 없는 고난을 당하시고 처형당하셨습니다. 이제 예수님의 구속 사역에 대해서 알아보도록 하겠습니다.

예수님이 십자가에 못박혀 죽으신 이유

예수님은 그분에게 오는 자를 내어 쫓지 아니하시고 사랑과 긍휼로 품어 주셨건만 주님의 생애 마지막 주간은 정말 처절한 아픔의 시간이었습니다. 예수님의 구속 사역을 생각하기에 앞서 우선 예수님의 예루살렘 입성부터 살펴보겠습니다. 예루살렘 입성이 중요한 이유는 나귀새끼를 타고 예루살렘에 입성하신 사건이 구약의 스가랴 선지자의 예언을 성취하는 의미가 있기 때문입니다. 스가랴 9장 9절을 읽어 보십시오. 그러면 그 의미를 알 것입니다.

"시온의 딸아 크게 기뻐할지어다 예루살렘의 딸아 즐거이 부를지어다 보라 네 왕이 네게 임하나니 그는 공의로우며 구원을 베풀며 겸손하여서 나귀를 타나니 나귀의 작은 것 곧 나귀새끼니라."

또한 이 구절에서 중요한 것은 나귀새끼를 타시는 분이 바로 왕이라는 예언입니다. 즉, 예수님은 당신이 바로 구약이 예언한 참 왕이신 메시아이심을 나귀새끼를 타고 예루살렘으로 입성하시는 사건을 통하여 선포하고 계십니다. 동시에 인간 왕들은 일반적으로 교만하여서 다른 사람들을 자신의 이기적인 탐욕을 위해서 마음대로 부리려고 하지만, 참 왕이신 예수 그리스도는 겸손하시어서 오히려 나귀새끼를 탈 뿐만 아니라 자신의 목숨을 다른 사람들 즉 자신의 신하들과 종들을 위해 희생하시는 분임을 보여 주는 의미가 있습니다.

그런데 참 왕으로 오신 예수님을 환영하는 듯하던 백성이 그분을 배신하고 십자가에 잔인하게 처형해 버립니다. 메시아에 대한 배신은 이미 그를 따르던 제자들 중 한 사람의 마음속에서 시작되었지요. 가룟 유다는 대제사장들에게 은 삼십을 받고 자신의 주님이요 스승이신 예수님을 팔아넘길 계획을 세웁니다. 그리고 예수님의 수제자 베드로마저도 예수님을 배신하죠. 예수님은 제자들과 최후의 만찬을 가지신 후에 제자들을 향해 "오늘 밤에 너희가 다 나를 버리리라"^{마 26:31}라고 말씀하십니다. 그때 베드로는 "다 주를 버릴지라도 나는 언제든지 버리지 않겠나이다"^{마 26:33}라고 장담합니다. 하지만 베드로 역시 예수님을 버리고 부인하지요. 제자들은 예수님께 곧 어떤 일이 닥칠지에 대하여 전혀 무관심했고 무지했습니다. 예수님께서 겟세마네 동산에서 땀이 핏방울이 되도록 기도하실 때에도, 그들은 깊은 잠에 빠져 있었습니다.

예수님은 대제사장들과 헤롯 왕과 빌라도 총독 앞에서 재판을 받습니다. 이 과정에서 그분은 머리에 가시 면류관을 쓰시고 온몸에 채찍을 맞으십니다. 또 침 뱉음과 희롱과 욕설이 그분께 퍼부어졌지요. 빌라도에게 사형선고를 받은 예수님은 십자가를 지시고 골고다로 끌려 가셨습니다. 군병들이 예수님을 십자가에 못박았고 못박히신 예수님을 희롱했습니다. 예수님의 몸 전체에서 피와 물이 흘러내렸고, 마침내 주님은 숨을 거두셨습니다. 왜 예수님이 이토록 모진 수난을 당하시다가 죽으셔야 했을까요? 왜 예수님께서 십자가에 못박혀 죽으셔야 했는지, 그 죽음의 의미는 무엇인지에 대한 질문은 기독교 신앙의 심장과 관련된 것입니다. 왜 예수님께서 죽으셔야 했을까요?

대부분 우리의 죄를 위해 죽으셨다고 대답합니다. 이것이 옳긴 하지만 십자가 사건의 신학적 의미를 총체적으로 설명해 주지는 못합니다. 예수님의 십자가 사건에는 몇 가지 신학적 의미가 있습니다.

우선 예수님의 십자가는 희생제사였습니다. 희생제사라는 말은 구약의 레위기에 나오는 번제, 소제, 화목제, 속죄제, 속건제를 포괄하는 개념입니다. 그러니까 십자가 사건은 죄인의 죄를 대신 속하는 제사, 즉 대속의 제사였다는 말씀입니다. 범죄한 이스라엘 백성이 자신의 죄를 양이나 염소에게 안수하여 전가한 후 잡아 그 피를 지성소에 뿌려 죄 사함을 얻었듯이, 예수 그리스도는 세상 죄를 지고 가는 하나님의 어린 양으로서 우리를 위해 오셔서 우리 죄를 그분의 몸으로 다 지시고 십자가에 못박혀서 그 몸으로 우리 죄에 대한 하나님의 무한한 진노를 받아 주셨습니다. 예수님은 보혈을 흘려 주시고, 자신의 생명을 드리심으로써 우리의 죄를 대속하시는 제사를 드리셨습니다. 이 때문에 우리는 예수님께서 우리의 죄를 위해 돌아가셨다고 말하는 겁니다.

하지만 십자가 사건의 의미는 희생제사만이 아니었습니다. 십자가 사건은 하나님의 사랑과 공의를 드러낸 계시적 사건이었습니다. 다시 말해, 예수님의 십자가 사건은 죄를 반드시 정죄하시고 심판하시는 하나님의 공의를 계시하는 사건이자 우리 죄의 삯을 우리에게 돌리지 아니하시고 당신의 아들에게 돌리셔서 그 아들을 희생하실 만큼 우리를 사랑하시는 하나님의 사랑을 드러내는 사랑의 사건이었습니다. 이에 대한 근거를

요한일서 4장 10절과 로마서 3장 25, 26절에서 찾아볼 수 있습니다.

"사랑은 여기 있으니 우리가 하나님을 사랑한 것이 아니요 오직 하나님이 우리를 사랑하사 우리 죄를 위하여 화목제로 그 아들을 보내셨음이니라."

"이 예수를 하나님이 그의 피로 인하여 믿음으로 말미암는 화목제물로 세우셨으니 이는 하나님께서 길이 참으시는 중에 전에 지은 죄를 간과하심으로 자기의 의로우심을 나타내려 하심이니 곧 이때에 자기의 의로우심을 나타내사 자기도 의로우시며 또한 예수 믿는 자를 의롭다 하려 하심이니라."

로마서 3장의 말씀은 하나님께서는 반드시 죄에 대한 적법한 처리를 통하여 당신의 공의를 세우신다는 것을 보여 줍니다. 죄는 반드시 심판되어야 하고, 죄의 삯은 사망이라는 하나님의 공의는 무시될 수 없으며 반드시 존중되고 실행되어야 합니다. 그래서 하나님의 공의는 죄인들을 정죄하고, 죄인들의 생명을 요구합니다.

하지만 하나님은 죄인을 용서하시고자 하는 사랑을 품으셨습니다. 그래서 하나님께서는 죄인을 대신하여 정죄당하고 죽임을 당할 어린 양 예수님을 보내 주셨으며, 예수님께서 십자가 위에서 우리의 죗값을 대신 담당하여 주심으로 하나님의 공의가 실현되고 만족되었습니다. 하나님은 그러한 공의에 기초해서 죄인을 용서하시고 용납하시는 사랑을 보여 주신 것입니다. 십자가 사건이야말로 하나님의 사랑과 공의가 절묘하게 조화된 사건입니다.

 교수님, 십자가 사건에 또 다른 신학적 의미가 있나요?

예, 그렇습니다. 지금까지 두 가지를 이야기했죠? 한 가지 더 찾아볼 수 있습니다. 십자가 사건은 구약의 출애굽 사건과 마찬가지로 해방과 승리의 사건이었습니다. 그러니까 출애굽 직전의 유월절 희생제사뿐 아니라 바로를 멸하고 이스라엘 백성을 해방시킨 출애굽 사건 자체가 십자가 사건을 예표한 것이었죠. 예수님은 십자가에서 패배하시고 사탄이 승리하는 듯했지만, 실상은 예수님이 십자가에서 죽기까지 순종하심으로 율법의 모든 요구를 성취하셨고 우리를 고소하고 정죄하는 율법의 저주를 폐하셨습니다. 뿐만 아니라 율법을 성취한 자에게 약속된 영원한 생명을 우리를 위해 획득하셨으며 보혈을 흘리심으로 죄인의 죄를 용서하시는 길을 내셨습니다.

예수님은 아담의 불순종으로 이 세상의 임금이 된 사탄의 머리를 상하게 하심으로 죄인들을 사탄의 손아귀에서 빼내고 구속하는 영적 출애굽을 완성하셨습니다. 그래서 그리스도 예수 안에 있는 자에게는 죄의 용서와 영원한 생명과 사탄에 대한 승리와 사탄의 권세로부터의 해방이 무상으로 주어지게 됩니다. 예수님은 십자가 위에서 사탄과의 한판 승부를 승리로 이끄시고, 우리에게 승리와 해방을 주신 것입니다. 결론지어 말씀드리면, 예수님의 십자가 사건으로 우리의 구원이 완성되었습니다.

예수 그리스도의 부활과 승천의 신앙적 의미

 예수 그리스도가 죽은 자 가운데서 부활하시고 하나님 보좌 우편으로 승천하신 것은 신앙적으로 어떤 의미가 있는지요?

예수님의 부활은 십자가를 통해 완성하신 예수님의 구원 사역을 하나님 아버지께서 참되고 효력이 있는 것으로 확증하는 의미가 있습니다. 예수님께서 십자가에서 피 흘리시고 생명을 드리심으로써 죄인의 구원을 위한 대속의 역사를 완성하셨다 하더라도, 그 예수님의 몸이 무덤 속에서 썩어 갔다면 그분이 이루신 구원이 참된 구원이 아니지 않겠습니까? 다시 말해, 죄인의 구원이라는 성부 하나님의 계획과 목적에 성자 예수님께서 철저하고 완벽하게 순종하셨음을 성부 하나님 편에서 확인해 주는 역사가 바로 예수님을 죽은 자 가운데서 다시 살아나게 하신 부활 사건이라는 말씀입니다.

예수님은 복음서에서 자신이 죽을 것을 여러 차례 예고하십니다. 그리고 그때마다 주님은 자신이 유대인과 이방인들의 손에 죽게 되지만 사흘 만에 다시 살아나실 것을 함께 말씀하십니다. 이러한 예고의 행위는 예수님의 순종을 하나님 아버지께서 참되고 효력 있는 것으로 받아 주실 것을 믿고 신뢰하며 하신 말씀입니다. 하나님 아버지께서는 당신의 독생자 예수 그리스도의 순종이 수많은 죄인들에게 영생을 주기에 충분한 것이었음을 부활을 통하여 확증해 주신 것이지요.

따라서 예수님께서 부활하지 않으셨다면 십자가에 죽기까지 복종하신 예수님의 순종이 하나님께 받아들여지지 않았다는 의미가 되고, 동시에 죄인들은 구원받을 소망을 잃게 됩니다. 이렇게 된다면 사도 바울의 고백대로 우리 그리스도인들이야말로 가장 불쌍하고 소망 없는 자가 되지요. 그러므로 예수 그리스도의 부활은 논리적으로 반드시 일어나야 할 사건이며 실제로 일어난 사건입니다. 부활이 논리적인 필연이라는 것은 빌립보서 2장 8절에서 11절이 잘 증거해 주고 있습니다.

"사람의 모양으로 나타나셨으매 자기를 낮추시고 죽기까지 복종하셨으니 곧 십자가에 죽으심이라 **이러므로** 하나님이 그를 지극히 높여 모든 이름 위에 뛰어난 이름을 주사 하늘에 있는 자들과 땅에 있는 자들과 땅 아래 있는 자들로 모든 무릎을 예수의 이름에 꿇게 하시고 모든 입으로 예수 그리스도를 주라 시인하여 하나님 아버지께 영광을 돌리게 하셨느니라."

이 구절에서 우리는 중요한 접속사 하나를 발견하게 됩니다. 바로 "이러므로"입니다. '이러므로'는 인과관계의 접속사입니다. 즉, 앞의 내용이 원인과 이유가 되고 뒤의 내용이 결과가 되죠. 그러면 어떻게 말할 수 있겠습니까? 예수님께서 십자가에 죽기까지 복종하신 결과가 바로 부활인 것입니다. 예수님은 지금도 살아 계셔서 우리와 함께, 우리 가운데 동행하고 계십니다.

부활의 신앙적 의미에 대해서는 이 정도로 살펴보고, 이번에는 예수님의 승천에 대해 살펴보도록 합시다. 예수님께서 승천하셔서 하나님 아버지 보좌 우편에 앉아 계시다는 것은 신앙적으로 어떤 의미가 있을까요? 예수님의 승천과 아버지 보좌 오른 편에 앉으심은 십자가에서 죽기까지 순종하시고 자신을 낮추신 예수님을, 지극히 높은 곳까지 높이시는 하나님의 역사로서 그 의미가 있습니다. 곧 하늘 보좌를 버리시고 낮고 낮은 종의 몸을 입고 이 땅에 오셔서 범죄자로 낙인찍히시고 무참하게 처형되신 예수님의 모습이 예수님의 낮아지심과 관련 있다면, 부활하셔서 승천하시고 아버지 보좌 우편에 앉으신 것은 예수님의 높아지심과 관련 있다는 말씀입니다.

이외에 예수님의 승천과 우편에 앉아 계심에는 또 다른 신앙적 의미가 있는데, 그것은 예수님께서 승천하셔서 하나님 보좌 우편에 앉으셔야만 아버지께로부터 성령님을 받아서 우리에게 보내 주실 수 있다는 사실입니다. 즉, 예수님의 승천과 성령님의 강림 사이에 밀접한 관계가 있습니다. 말세에 성령님을 부어 주시겠다는 하나님의 약속은 예수님께서 십자가에 못박히시고 부활하셔서 승천하시고 승리자로서 영광스럽게 하나님 보좌 우편에 앉으심으로 말미암아 성취될 수 있었습니다. 결국 하나님께서 주시는 영적인 복의 총체이신 성령님을, 우리는 오직 예수 그리스도를 믿음으로만 받게 된다는 말씀입니다. 성령님은 하나님의 선물이며, 예수님은 우리에게 성령으로 세례를 주시는 분입니다.

 예수님은 부활하시고 승천하신 지금도 여전히 인성을 갖고 계시며, 하나님 보좌 우편에 계시잖습니까? 그런데 어떻게 그분이 우리와 항상 함께하신다고 말할 수 있죠? 그리고 하나님 보좌 우편에 앉으신 주님은 무슨 일을 하고 계시나요?

이 문제는 성령 강림과 아주 밀접한 관련이 있습니다. 부활한 육신을 가지신 예수님은 하나님 보좌 우편이라는 한정된 공간에 계시지만, 동시에 우리 안에서 내주하시는 성령님 안에서 우리와 항상 함께 계십니다. 그리고 하나님 보좌 우편에 앉으신 주님은 무슨 일을 하고 계시는지 물어보셨는데, 로마서와 히브리서에 의하면 예수님은 하나님 보좌 우편에서 여전히 중보자로서의 사역을 감당하시면서 우리를 위하여 중보기도를 하고 계신다고 합니다. 또 그분의 몸 된 교회와 나라를 통치하시며 아버지와 함께 온 우주와 만물을 다스리고 계십니다.

예수 그리스도께서 세우신 새 언약

복음서와 히브리서는 예수님께서 새 언약을 세우셨다고 가르치고 있습니다. 이것이 무엇을 의미하는지 알아봅시다. 구약의 예레미야 선지자가 새 언약에 대해서 예언한 내용은 세 번째 강의에서 이미 설명했기에 넘어가기로 하겠습니다.

복음서에서 증언하듯이 예수님께서는 제자들과 마지막 만찬을 잡수실 때에 잔을 드시면서 언약에 대해 언급하십니다. 마태복음 26장 26절에서 28절입니다.

"저희가 먹을 때에 예수께서 떡을 가지사 축복하시고 떼어 제자들을 주시며 가라사대 받아 먹으라 이것이 내 몸이니라 하시고 또 잔을 가지사 사례하시고 저희에게 주시며 가라사대 너희가 다 이것을 마시라 이것은 죄 사함을 얻게 하려고 많은 사람을 위하여 흘리는바 나의 피 곧 언약의 피니라."

이 구절에서 말씀하고 있듯이 예수님께서 수난을 당하시면서 흘리신 그 피가 바로 우리에게 죄 사함을 주시는 언약, 즉 새 언약의 증표입니다.

히브리서 기자는 예수님의 십자가 사건을 언약 수립 사건으로 묘사하고 해석하고 있습니다. 히브리서 7장에서는, 구약의 희생제사가 예표한 대속 사역을 성취하시는 대제사장으로 오신 예수님이 바로 더 좋은 언약의 보증과 중보라고 말씀합니다. 22절에서 25절을 읽어 봅시다.

"이와 같이 예수는 더 좋은 언약의 보증이 되셨느니라 저희 제사장 된 자의 수효가 많은 것은 죽음을 인하여 항상 있지 못함이로되 예수는 영원히 계시므로 그 제사 직분도 갈리지 아니하나니 그러므로 자기를 힘

입어 하나님께 나아가는 자들을 온전히 구원하실 수 있으니 이는 그가 항상 살아서 저희를 위하여 간구하심이니라."

예수님께서 영원한 대제사장이시기 때문에 그분이 세우신 '더 좋은 언약'도 영원한 언약임을 전해 주고 있습니다. 구약의 옛 언약하에서는 대제사장이 계속해서 바뀌었지만, 새 언약하에서는 부활하시고 승천하신 예수 그리스도가 영원한 대제사장으로 항상 우리를 위하여 중보하십니다.

히브리서 8장은 옛 언약과 새 언약을 비교하면서 설명하고 있는데, 6절에서 13절을 같이 읽어 봅시다.

"그러나 이제 그가 더 아름다운 직분을 얻으셨으니 이는 더 좋은 약속으로 세우신 더 좋은 언약의 중보시라 저 첫 언약이 무흠하였더면 둘째 것을 요구할 일이 없었으려니와 저희를 허물하여 일렀으되…… 새 언약이라 말씀하셨으매 첫것은 낡아지게 하신 것이니 낡아지고 쇠하는 것은 없어져 가는 것이니라."

이 구절은 예수님께서 더 좋은 언약, 즉 새 언약의 중보자의 직분을 감당하심을 가르치고 있습니다.

이어지는 9장에 보면, 구약의 제사장들은 염소와 송아지의 피로 하나님께 제사를 드렸지만 예수님은 자기 피로 제사를 드리셨다고 합니다. 9장 11절에서 15절입니다.

"그리스도께서 장래 좋은 일의 대제사장으로 오사 손으로 짓지 아니한 곧 이 창조에 속하지 아니한 더 크고 온전한 장막으로 말미암아 염소와 송아지의 피로 아니하고 오직 자기 피로 영원한 속죄를 이루사 단번에 성소에 들어가셨느니라 염소와 황소의 피와 및 암송아지의 재로 부정한 자에게 뿌려 그 육체를 정결케 하여 거룩케 하거든 하물며 영원하신 성령으로 말미암아 흠 없는 자기를 하나님께 드린 그리스도의 피가 어찌 너희 양심으로 죽은 행실에서 깨끗하게 하고 살아 계신 하나님을 섬기게 못하겠느뇨 이를 인하여 그는 새 언약의 중보니 이는 첫 언약 때에 범한 죄를 속하려고 죽으사 부르심을 입은 자로 하여금 영원한 기업의 약속을 얻게 하려 하심이니라.”

이 본문은 구약의 제사는 허물 많은 인간 제사장이 짐승의 피로 드린 것인 반면, 예수님의 신약 제사는 흠 없는 대제사장 예수 그리스도께서 흠 없는 그분의 피로 드린 것이라고 가르치고 있습니다. 그래서 구약의 제사는 양심을 정결케 할 수 없었지만, 신약의 예수님의 피 제사는 죄인의 양심을 정결케 하고 살아 계신 하나님을 섬기게 하는 효력을 지니게 되는 것입니다.

결론적으로 새 언약은 하나님과 하나님의 백성 사이에 세워지는 것으로, 이 언약의 중보자는 참 하나님이시자 사람이신 예수 그리스도이십니다. 또 새 언약은 짐승의 피가 아닌 예수님의 보혈로 세워졌으며, 새 언약의 요구는 예수님께서 자신의 보혈로 우리를 구원하시는 분임을 믿으라는 것입니다. 그리고 새 언약의 효과는 영원한 죄 사함과 영원한 하나님의 나라를 기업으로 받는 것 등입니다.

 교수님, 영원한 죄 사함이란 무엇을 말하는 건가요?

구약의 희생제사를 드린 백성은 양과 염소의 피로 자신들의 죄가 용서되었음을 확인했지만, 그 양심의 악이 완전히 없어지지 않았고 죄를 기억하는 일도 사라지지 않았습니다. 하지만 이제 예수님의 보혈로 죄 사함을 받은 우리는 '결코 정죄함이 없다' 그리고 '저희 죄와 저희 불법을 내가 다시 기억지 아니하리라'는 하나님의 약속을 받았기 때문에 양심의 악과 가책에서 벗어날 수 있습니다. 이런 의미에서 우리는 우리의 과거와 현재와 미래의 모든 죄가 예수님을 믿음으로 완전히 그리고 영원히 사함을 받는다고 말할 수 있습니다. 예수 그리스도를 믿음으로 이제 새 언약의 백성이 된 사람은 영생을 얻어 심판에 이르지 아니하며, 영원히 사망에서 생명으로 옮겨진 것입니다 요 5:24.

예수님을 우리의 주님과 구주로 믿고 영접하는 순간 우리는 단번에 영원한 죄 사함을 얻게 되고, 영원히 의롭다 함을 얻으며, 영원한 생명을 선물로 받게 됩니다. 얼마나 놀라운 은혜입니까? 이 영원한 죄 사함에 기초해서 우리는 구원의 확신을 가질 수 있습니다.

구원에 대한 우리의 확신은 약해질 때도 있고, 강해질 때도 있습니다. 때로는 우리의 느낌에 따라 이렇게 저렇게 변할 수도 있습니다. 하지만 분명한 사실은 예수 그리스도 안에 있는 자에게는 결코 정죄함이 없다는 것입니다 롬 8:1. 구원의 확신에 대해서는 6강에서 자세히 다루기로 약속하고 이 정도로 마무리하겠습니다.

정 교수의 특강 정리 노트

●········•중요 용어

기독론Christology　　　　　예수 그리스도의 인격과 성
품 그리고 사역을 다루는 조직신학의 중심 분야.

가현설docetism　　　　　예수님께서 참된 사람의 몸
을 입으신 것이 아니라 본질상 영적인 존재로 남아 있으면서 사람
의 몸을 입은 것처럼 보였을 뿐이라는 주장으로서, 초대 교회 당시
주요한 이단적 가르침.

메시아의 세 가지 직분three offices of the Messiah　　'메시아'란 '기름 부음을 받
은 자'라는 뜻의 히브리어로, 헬라어로 옮기면 '그리스도'가 된다.
구약에서 기름 부음을 받아 세운 직분은 왕직, 선지자직, 제사장직
이다. 예수 그리스도는 하나님께 기름 부음 받은 메시아로서 참된
왕, 선지자, 제사장의 직분을 한 몸에 지니셨다.

대속substitutionary atonement　　　　　'대신 속한다'는 의미로, 예
수님께서 죄인을 대신하여 죄에 대한 하나님의 진노와 형벌을 받으
시고 보혈을 흘려 죄의 값을 지불하심으로 죄인들을 구원하신다는
뜻의 복음의 핵심 진리이다. 예수님께서 죄인을 '위하여' 또는
'대신하여' 죽으셨다는 복음의 메시지와 연결된다.

1. 예수님을 하나님으로 부르고 있는 성경 구절들을 찾아보십시오.

2. 예수님께서 사람의 몸을 입고 이 땅에 오신 목적은 무엇입니까?

3. 예수님께서 십자가에 못박혀 죽으신 사건은 신학적으로 어떤 의미가 있는지 이야기해 보십시오.

4. 만일 예수님께서 십자가에 못박혀 죽으시고 장사 지낸 바 되었다가 다시 살아나지 못하셨다면 어떤 문제가 생길까요?

5. 예수님께서 이 땅에 계실 때 행하신 사역들은 그리스도인들의 삶과 어떤 관계가 있을까요?

6. "그리스도인들은 새 언약의 백성들이다"라는 말의 의미는 무엇일까요?

성령님에 대하여

지난 20세기는 성령의 세기라고 불릴 정도로 성령님에 대한 관심이 극대화했습니다. 특히 방언, 예언, 치유의 은사를 강조하는 오순절 운동이 전 세계적으로 확대되어 가면서 성령님에 대한 신학적 연구에 큰 진전이 있었지요. 성령님을 바로 알고, 믿고, 성령님과 동행하는 것은 우리의 신앙생활을 승리로 이끄는 지름길입니다. 여러분 중에도 성령님에 대해 다양한 질문이 있을 줄 생각합니다. 강의를 들으면서 궁금한 점이 있으면 주저하지 말고 손을 들어 질문해 주십시오.

성령님은 어떤 분인가?

지난 가을, 대구의 어느 교회에서 부흥집회를 인도했는데, 그 교회에 출석하던 안수집사님 한 분이 저를 찾아와서 물었습니다.

"제 친구 중에 한 사람이 여호와의증인인데, 성령님을 하나님과 동등한 인격자로 보는 기독교의 가르침이 잘못되었다고 주장하면서 성령님은 여호와의 활동력이라고 하더라고요?"

집사님의 말씀에 저는 "여호와의증인들이 왜 이단인지를 분명하게 보여 주는 실례가 되겠네요" 하고 대답해 드렸습니다. 저는 성령님이 하나님과 동등한 인격자라는 사실을 받아들이지 않으면 이단이라고 생각합니다. 다른 시간에도 말씀드렸지만, 교부 시대 때 삼위일체론을 거부하고 예수님과 성령님의 신성을 거부한 아리우스라는 사람이 있었습니다. 여호와의증인들은 이 아리우스의 후계자라고 해도 과언이 아닙니다.

성경은 성령님의 신성에 대해서 명확하게 가르쳐 줍니다. 우선 예수님께서 성령님에 대해서 말씀하신 구절을 보도록 하죠. 요한복음 14장 16, 17절입니다.

"내가 아버지께 구하겠으니 그가 또 다른 **보혜사**를 너희에게 주사 영원토록 너희와 함께 있게 하시리니 저는 진리의 영이라 세상은 능히 **저**를 받지 못하나니 이는 저를 보지도 못하고 알지도 못함이라 그러나 너희는 저를 아나니 저는 너희와 함께 거하심이요 또 너희 속에 계시겠음이라."

여기서 중요한 것은 16절의 "보혜사"를 받는 17절의 "저"가 헬라어 원어에서는 3인칭 대명사라는 사실입니다. 영어 성경은 이를 잘 반영해 'he'로 번역하고 있습니다. 이것은 곧 성령님을 비인격적인 어떤 힘이나 에너지로 보는 것은 성경적이지 않고, 오히려 인격적인 분으로 보아야 함을 말해 주고 있습니다. 이 부분을 분명히 해야만 성령님의 신성도 함께 논할 수 있습니다.

사도행전 5장에 보면, 아나니아와 삽비라가 소유를 팔아서 헌금할 때 일부를 감춘 사건이 나옵니다. 그때 베드로는 그들이 성령을 속였다고 한 뒤 이어서 곧 하나님께 거짓말한 것이라고 합니다. 베드로가 보기에 성령님을 속이는 것과 하나님을 속이는 것은 동일한 일이었던 것입니다. 고린도전서 3장 16절을 보면, 그리스도인들은 하나님의 성전인데 그것은 하나님의 성령이 그리스도인 안에 거하시기 때문이라고 합니다. 이 말씀 역시 성령님이 거하시는 것과 하나님이 거하시는 것이 동일함을 보여 주고 있습니다.

이뿐 아니라 성경은 곳곳에서 하나님과 성령님을 동일시하고 있습니다. 고린도후서 3장 17절에서는 "주는 영"이시라고 가르칩니다. 여기서 "영"은 '성령'을 지칭합니다. 결국 '주는 성령' 혹은 '성령님은 주'시라는 가르침이 되는 것이죠. 하나님 아버지, 성자 예수 그리스도, 성령님이 모두 주님이시라는 것이 성경의 가르침입니다. 이에 대한 언급이 성경에 매우 많이 나타나 있는데, 대표적인 구절로 마태복음 28장 19절을 들 수 있습니다.

"그러므로 너희는 가서 모든 족속으로 제자를 삼아 아버지와 아들과 성령의 **이름으로** 세례를 주고."

여기서 반드시 기억해야 할 사항은 "이름으로"라는 말이 '이름들로' in the names of가 아니고 '이름으로' in the name of, 그러니까 복수가 아닌 단수로 되어 있다는 사실입니다. 이것은 성부·성자·성령, 즉 삼위를 언급하고는 있지만 삼위가 곧 한 하나님이시기에 한 분의 이름으로 세례를 주라는 뜻입니다. 이와 비슷한 구절로는 고린도후서 13장 13절이 있습니다. 축도할 때 사용하고 있는 구절이라서 많이들 기억하실 겁니다.

"주 예수 그리스도의 은혜와 하나님의 사랑과 성령의 교통하심이 너희 무리와 함께 있을지어다."

이 구절에서 중요한 것은 예수님과 하나님 아버지와 성령님이 동등하고 대등한 관계 속에서 언급되고 있다는 사실입니다. 그러니까 하나님의 세 위격 중 한 위격이 두드러지는 것이 아니라 세 위격이 동등한 관계 속에서 함께 존재한다는 말입니다. 이러한 예들 외에도 신약성경 곳곳에서 삼위가 동등하고 대등하게 언급되고 있습니다. 에베소서 4장 4절에서 6절, 베드로전서 1장 2절도 그 대표적 예입니다. 베드로전서 1장 2절을 읽어 봅시다.

"곧 하나님 아버지의 미리 아심을 따라 성령의 거룩하게 하심으로 순종함과 예수 그리스도의 피 뿌림을 얻기 위하여 택하심을 입은 자들에게 편지하노니 은혜와 평강이 너희에게 더욱 많을지어다."

이 구절도 성부·성자·성령님이 대등하게 구원 사역에 동참하신다는 사실을 가르쳐 줍니다.

마지막으로 한 구절 더 소개하면, 히브리서 9장 14절 말씀입니다.

"하물며 **영원하신 성령으로 말미암아** 흠 없는 자기를 하나님께 드린 그리스도의 피가 어찌 너희 양심으로 죽은 행실에서 깨끗하게 하고 살아 계신 하나님을 섬기게 못하겠느뇨."

이 구절에서 히브리서 기자는 "영원하신 성령으로 말미암아" 흠 없는 자기를 하나님께 드렸다고 증언합니다. 즉, 성령님은 영원하시다는 말씀입니다. 그런데 영원성은 하나님만이 소유하신 속성이므로 성령님이 영원하시다는 말은 결국 성령님 역시 하나님의 본성을 가지신 분임을 가르칩니다.

성령님이 하시는 일

성령님은 본질상 하나님이시며 삼위일체 하나님의 제 삼위로서 인격 자이심을 설명드렸습니다. 이제 성령님께서 무슨 일을 하시는지, 곧 성령님의 사역에 대해서 살펴보도록 하겠습니다.

복음주의권의 조직신학자들은 전통적으로 성령님의 사역을 크게 두 가지로 나누어 설명해 왔습니다. 첫째는 성령님의 일반적인 사역으로서 이는 구원받은 하나님의 백성과 구원받지 못한 사람들에게 공동으로 적용되고, 둘째는 성령님의 특별한 사역으로서 오로지 구원받은 하나님의 백성에게만 적용됩니다. 먼저 성령님의 일반적인 사역에 대해서 알아봅시다.

성령님의 일반적인 사역은 성부 하나님과 성자 예수님과 함께하시는 공동 사역입니다. 그 중에서도 우주 만물을 창조하시고 섭리하시고 운행하시는 사역이 가장 두드러지지요. 그러니까 성령님께서도 성부 하나님, 성자 예수님과 함께 우주 만물의 창조에 참여하셨고, 창조된 만물을 붙드시고 섭리하시며 운행하시는 사역에도 같이한다는 뜻입니다. 특히 구약의 시편은 성령님께서 생명 창조 및 유지와 관련한 사역을 감당하신다고 가르칩니다.

 성령님과 일반 은총 사이에 밀접한 관계가 있다고 알고 있습니다. 이에 대해 설명해 주십시오.

일반 은총은 복음주의권 중에서도 개혁주의, 특히 네덜란드 개혁파 신학에서 강조해 온 것으로, 죄의 엄청난 파괴력을 성령님께서 억제하시고 제한하심으로써 이 세상이 그런대로 살 만한 곳이 되게 하시고 구원의 역사가 일어날 수 있는 공간으로 유지하신다는 개념을 담고 있습니다. 그러니까 만일 성령님께서 주권적인 은총으로 간섭하지 않으신다면, 이 세상은 넘쳐나는 죄와 그 죄의 파괴력으로 인하여 거의 지옥에 가까운 상황으로 떨어지기 쉽다는 뜻을 담고 있습니다.

성령님의 일반 사역에는 문화를 일으키는 사역도 포함됩니다. 이 세상의 문화는 긍정적인 부분과 부정적인 부분이 섞여 있는데, 긍정적인 문화 창달에 성령님이 역사하신다는 것은 부정하기 어렵습니다. 성령님께서 죄의 거센 영향력을 억제해 주시기 때문에 이 세상이 그런대로 건전한 문화를 꽃피우고 있는 거죠.

 그렇다고 해도 이런 건전한 문화가 죄인을 구원에 이르게 하지는 못하지 않습니까?

바로 그 이유 때문에 성령님은 특별한 사역 또한 행하시는 것입니다. 즉, 성령님의 특별 사역은 죄인의 구원과 관계됩니다. 성령님이 오셔서 하실 일에 대하여 전해 주는 성경 구절을 통해서 같이 살펴봅시다. 요한복음 16장 7절에서 11절입니다.

"그러하나 내가 너희에게 실상을 말하노니 내가 떠나가는 것이 너희에게 유익이라 내가 떠나가지 아니하면 보혜사가 너희에게로 오시지 아니할 것이요 가면 내가 그를 너희에게로 보내리니 그가 와서 죄에 대하여, 의에 대하여, 심판에 대하여 세상을 책망하시리라 죄에 대하여라 함은 저희가 나를 믿지 아니함이요 의에 대하여라 함은 내가 아버지께로 가니 너희가 다시 나를 보지 못함이요 심판에 대하여라 함은 이 세상 임금이 심판을 받았음이니라."

여러분께서도 이미 파악하셨겠지만, 이 구절은 성령님께서 오셔서 하시는 일이 죄에 대하여 세상을 책망하고, 예수 그리스도를 증거하며, 죄인을 구원하시는 일임을 가르치고 있습니다.

이와 아울러 요한복음 3장에서 예수님이 니고데모에게 하신 말씀을 살펴볼 수 있는데, 예수님은 "물과 성령으로 나지 아니하면" 하나님 나라를 볼 수도 없고 들어갈 수도 없다고 하십니다. 성령님께서는 죄인들의 심령에 역사하셔서 그들의 죄를 드러내시고 책망하실 뿐만 아니라 예수 그리스도를 믿고 거듭나게 하시는 구원의 역사를 담당하고 계십니다.

또 성령님은 개개인을 불러 회개하게 하시고 믿음으로 거듭나게 하시지만, 동시에 이 개인들을 교회 공동체로 모으십니다. 성령님께서 그리스도인 개인을 모으사 예수 그리스도의 몸인 교회를 이루어 하나님의 성전으로 건축되게 하신다는 것이 성경의 가르침입니다. 한마디로 성령님의 특별 사역 안에는 '개인 구원 사역'과 '교회 공동체 사역'이 포함됩니다.

이외에도 성령님은 하나님의 말씀인 성경이 기록될 때 기자들에게 영감을 주셨고, 오늘날 성경을 읽는 사람들을 조명하셔서 진리를 깨닫고 진리에 따라 살도록 힘 주시고 인도하십니다. 예수님께서 성령님을 "진리의 영"이라고 소개하신 것은 이런 이유 때문이지요.

성령님의 신성과 인격성과 사역에 대한 설명은 이 정도로 하고, 성령님께서 이 땅에 임하시는 오순절 사건이 왜 중요한지 알아보겠습니다.

오순절 성령 강림이 중요한 이유

오순절 성령 강림 사건과 관련하여 가장 먼저 기억해야 할 사항은, 이 사건이 우연히 일어난 일이 아니라는 점입니다. 이 세상에 일어나는 모든 일이 그렇듯이, 예수님 승천 후 오순절에 성령님께서 강림하신 사건은 하나님의 세밀하신 계획에 따라 이루어졌습니다. 이에 대한 근거 역시 성경 말씀에서 찾아볼 수 있는데, 구약성경에 오순절 성령 강림에 대한 예언이 나옵니다. 요엘 2장 28, 29절입니다.

"그 후에 내가 내 신을 만민에게 부어 주리니 너희 자녀들이 장래 일을 말할 것이며 너희 늙은이는 꿈을 꾸며 너희 젊은이는 이상을 볼 것이며 **그때에** 내가 또 내 신으로 남종과 여종에게 부어 줄 것이며."

이 구절에서 "그 후에"와 "그 때에"는 무엇을 의미할까요? 이것은 이스라엘 백성이 회복된 후, 회복된 때를 의미합니다. 요엘 선지자는 바벨론에 포로로 잡혀간 이스라엘 백성이 회복되어 고토로 돌아온 후에, 하나님께서 하나님의 신인 성령님을 부어 주실 것을 예언합니다. 오순절에 성령님이 강림하신 이후에 제자들이 방언으로 말하기 시작하자 사람들이 새 술에 취했다고 빈정거렸는데, 그때 사도 베드로가 성령 강림 사건은 요엘 선지자의 예언의 성취라고 설교합니다. 사도행전 2장 14절에서 16절에 나오는 이야기입니다.

"베드로가 열한 사도와 같이 서서 소리를 높여 가로되 유대인들과 예루살렘에 사는 모든 사람들아 이 일을 너희로 알게 할 것이니 내 말에 귀를 기울이라 때가 제 삼시니 너희 생각과 같이 이 사람들이 취한 것이 아니라 이는 곧 선지자 요엘로 말씀하신 것이니 일렀으되."

다시 한 번 강조하지만 오순절 성령 강림 사건도 이미 구약에 예언되어 있었습니다.

이와 더불어 한 가지 또 중요한 사실이 있습니다. 그것은 예수님께서도 십자가에 못박히시기 전에 다른 보혜사이신 성령님이 오셔서 영원토록 믿는 자들 안에 거하실 것을 약속하셨다는 점입니다. 요한복음 14장에서 16장에 자세히 나오니, 꼭 다시 읽어 보십시오.

그것만이 아닙니다. 십자가에 못박혀 죽으시고 사흘 만에 부활하신 예수님은 40일간 이 땅에 거하시면서 아버지께서 약속하신 성령님을 기다리라고 제자들에게 거듭 분부하셨습니다. 누가복음 24장 49절에 나타나 있듯이 예수님은 "볼지어다 내가 내 아버지의 약속하신 것을 너희에게 보내리니 너희는 위로부터 능력을 입히울 때까지 이 성에 유하라"고 말씀하셨습니다. 그리고 사도행전 1장 4, 5절에 기록된 대로 "예루살렘을 떠나지 말고 내게 들은바 아버지의 약속하신 것을 기다리라 요한은 물로 세례를 베풀었으나 너희는 몇 날이 못 되어 성령으로 세례를 받으리라"고 하셨습니다. 이 구절들은 예수님께서 승천하신 후에 아버지께로부터 성령님을 받아서 우리에게 부어 주시겠다는 내용을 담고 있습니다.

여기서 한 가지 더 기억해야 할 것은 예수님께서 승천하시고 성령님이 강림하시는 것이 우리에게 유익하다는 사실입니다. 예수님께서 사람의 몸을 입은 채로 이 땅에 계실 경우 시공간적인 제한을 받으시게 됩니다. 하지만 예수님께서 승천하시고 다른 보혜사이신 성령님을 보내셔서 그 성령님이 믿는 자들 안에 내주하시게 되면 예수님께서 시공간의 제한을 받으시지 않고 언제 어디서나 항상 우리와 함께 계실 수 있습니다. 왜냐하면 예수님은 성령님 안에 항상 계시기 때문입니다. 이 말은 곧 하나님이 우리와 함께 계시겠다는 임마누엘의 약속이, 객관적으로는 예수님 안에서 성취되었지만 그것이 주관적으로 우리 내면 안에서 성취되는 것은 결국 성령님을 통해서라는 말입니다.

사도 바울은 "하나님의 나라는 먹는 것과 마시는 것이 아니요 **오직 성령 안에서** 의와 평강과 희락"^{롬 14:17}을 누리는 것이라고 말했습니다. 신학자 조나단 에드워즈는 우리가 하나님께 받는 모든 영적 은혜와 선물의 총체가 성령님이라고 했습니다. 성령님이 강림하심으로써 우리 모든 믿는 이들이 성령으로 세례를 받고 예수 그리스도 안에서 한 몸을 이루게 되었습니다.

> 교수님, 교수님의 설명을 듣고 보니 성령님이 우리에게 얼마나 중요한 분인지 확신이 갑니다. 그리고…… 질문이 있는데요, 성령과 관련하여 교회에서 사용하는 용어들, 그러니까 성령 세례, 성령 충만, 성령의 은사, 성령의 열매 등에 대해서 자세히 설명해 주시면 많은 도움이 될 것 같습니다.

성령 세례, 성령 충만, 성령의 은사, 성령의 열매란?

그러면 우선 성령 세례와 성령 충만에 대해서 같이 살펴봅시다. 이 두 개념은 서로 구별하여 사용해야 합니다. 성령 세례는 과거의 죄를 회개하고 예수님을 자기 자신의 구주로 믿을 때에 성령님께서 그 사람에게 내주하시기 시작하는 사건을 말합니다. 따라서 성령 세례는 그리스도인의 인생에서 단 한 번 일어나는 단회적 사건이자 끝까지 유효한 영구적 사건입니다. 곧 성령 세례를 한 번 받은 성도는 다시 반복적으로 받을 필요가 없습니다. 왜냐하면 개인에게 한 번 내주하신 성령님은 영원토록 그 성도를 떠나지 아니하시고 그 안에 계시기 때문입니다.

그에 반해 성령 충만은 내주하시는 성령님에 의해 철저히 지배받고 통제받는 상태를 의미합니다. 그런데 이 상태는 항구적인 것이 아니라 반복적으로 경험하게 됩니다. 즉, 한동안 성령으로 충만했다가도 유혹에 빠지거나 죄를 저지름으로써 성령님의 충만을 잃어버릴 수 있습니다. 에베소서 4장 30절에 "성령을 근심하게 하지 말라"는 말씀이 있는데, 이는 죄와 유혹과 정욕으로 인하여 우리 안에 내주해 계시는 성령님을 근심하게 할 수 있고 성령님의 충만한 능력을 소멸할 수 있음을 보여줍니다. 하지만 우리가 다시 회개하고 성령 충만을 구하면, 성령님은 우리의 삶을 컨트롤하시고 지배하시게 됩니다. 그래서 사도 바울은 에베소서 5장 18절에서 "오직 성령의 충만을 받으라"라고 명령하고 있습니다. 여기서 "받으라"는 말은 반복적으로 계속해서 충만함을 입으라는 뜻입니다.

 그런데 교수님! 교수님 설명이 지금껏 제가 알고 있는 것과 조금 차이가 있는데요, 교수님 입장이 오순절 교단에 속한 일부의 사람들과 다르다는 생각이 듭니다.

그렇습니다. 오순절 교단에 속한 일부의 사람들은 성령 세례를 예수님을 처음 믿을 때 받는 것으로 보지 않고 예수님을 믿고 나서 일정한 기간이 지난 뒤에 체험하는 사건으로 봅니다. 즉, 중생 이후에 성령 세례가 있고 그 이후에 성령 충만이 이어진다는 입장이죠. 하지만 제가보기에 성경이 이러한 입장을 지지하지는 않는 것 같습니다. 오순절 교단의 입장과 전통적인 복음주의권의 입장이 좀 다르긴 하지만, 오순절 교단 역시 넓게는 복음주의권에 포함됩니다. 서로에 대해서 관용하면서 '공통 기반' common ground 에 초점을 맞추면 큰 문제없이 동역할 수 있다고 생각합니다. 설명이 되었는지 모르겠네요.

이제 성령의 은사와 열매에 대해서 알아봅시다. 우선 성령의 은사와 열매의 차이점을 지적하고 넘어가는 게 좋겠습니다. 성령의 은사는 성령님께서 성도 개인의 유익과 공동체의 유익을 위해 무조건적으로 주시는 선물입니다. 따라서 성도들에게는 어떤 특정한 은사가 주어지지 않을 수도 있습니다. 다시 말하면 성도들 모두가 동일한 은사를 가지고 신앙생활을 하는 것은 아니라는 뜻입니다. 어떤 사람은 방언의 은사를 받지만, 어떤 사람은 말씀의 은사를 받습니다. 어떤 사람은 치유의 은사를 받지만, 어떤 사람은 다스림의 은사를 받습니다. 성령의 은사가 성도들의 신앙생활에 유익을 주는 것은 분명하지만, 어떤 특정한 은사가 없다고 해서 그것이 성도들의 신앙생활에 장애가 되지는 않습니다.

반면 성령의 열매는 성도들의 믿음이 참된 믿음인지 아닌지 구별해 주는 표지가 됩니다. 성령님께서 내주하시는 성도들의 삶 속에서 성령의 열매는 필연적으로 맺어지게 되어 있기 때문입니다. 일반적으로 성령의 열매는 성도의 인격의 성숙과 밀접한 관련이 있는 반면, 성령의 은사는 그렇지 않습니다. 다시 말해, 믿음이 상당히 성숙해서 성령의 열매를 많이 맺고 있는 성도일지라도 때로는 성령의 특정한 은사가 주어지지 않을 수 있습니다. 예를 들어, 어떤 성도가 완숙한 믿음을 가지고 사랑과 인내와 같은 인격적인 열매를 맺으면서도, 방언이나 예언 같은 은사를 받지 못했을 수도 있다는 말입니다. 이를 뒤집어 말한다면, 성령의 은사가 있느냐 없느냐를 가지고 신앙 성숙의 정도를 판단할 수 없습니다.

성령님은 우리 보기에 믿음이 어려 보이는 성도들에게도 방언이나 예언 같은 은사를 주십니다. 교회 안에 이런 일들이 종종 있는데, 방언의 은사를 받아서 아주 큰 은혜를 체험한 것 같으면서도 그 삶이 별로 모범이 안 되고 덕이 안 되는 경우가 있습니다. 우리의 느낌에 아주 큰 은사처럼 보이는 병 고치는 은사를 받고서도 신앙 인격의 성숙이 없어서 문제를 일으키는 경우도 있습니다.

이어서 성령의 은사와 열매의 종류를 알아보도록 할 텐데, 먼저 성령의 은사에는 무엇이 있는지 살펴봅시다. 고린도전서 12장 4절에서 11절입니다.

"은사는 여러 가지나 성령은 같고 직임은 여러 가지나 주는 같으며 또 역사는 여러 가지나 모든 것을 모든 사람 가운데서 역사하시는 하나님은 같으니 각 사람에게 성령의 나타남을 주심은 **유익하게** 하려 하심이라 어떤 이에게는 성령으로 말미암아 지혜의 말씀을, 어떤 이에게는 같은 성령을 따라 지식의 말씀을, 다른 이에게는 같은 성령으로 믿음을, 어떤 이에게는 한 성령으로 병 고치는 은사를, 어떤 이에게는 능력 행함을, 어떤 이에게는 예언함을, 어떤 이에게는 영들 분별함을, 다른 이에게는 각종 방언 말함을, 어떤 이에게는 방언들 통역함을 주시나니 이 모든 일은 같은 한 **성령**이 행하사 **그 뜻대로** 각 사람에게 나눠 주시느니라."

이 구절에는 지혜의 말씀, 지식의 말씀, 믿음, 병 고치는 은사, 능력 행함, 예언, 영들 분별함, 방언 말함, 방언들 통역함 등 아홉 가지 은사가 언급되고 있습니다. 앞서 읽은 구절의 핵심은 은사가 온전히 성령님의 주권적인 뜻에 따라 부여된다는 점입니다. 11절에 나타나 있듯이 은사는 성령이 "그 뜻대로 각 사람에게" 나눠 주시는 것입니다. 그리고 은사를 주신 목적은 "유익하게" 하시려는 데 있습니다. 유익하게 하신다는 것은 교회 공동체 전체에 유익이 되게 하신다, 교회를 견고하게 세우는 데 유익하게 하신다는 뜻입니다.

고린도전서 12장 말씀과 더불어 로마서 12장 6절에서 8절 말씀 또한 중요한데, 이 구절에도 몇 가지 은사가 언급되어 있습니다.

"우리에게 주신 은혜대로 받은 은사가 각각 다르니 혹 예언이면 믿음의 분수대로, 혹 섬기는 일이면 섬기는 일로, 혹 가르치는 자면 가르치는 일로, 혹 권위하는 자면 권위하는 일로, 구제하는 자는 성실함으로, 다스리는 자는 부지런함으로, 긍휼을 베푸는 자는 즐거움으로 할 것이니라."

예언, 섬기는 일, 가르치는 일, 권위하는 일, 성실하게 구제하는 일, 부지런히 다스리는 일, 즐거움으로 긍휼을 베푸는 일과 같은 은사들도 성령님께서 주권적으로 나누어 주시는 선물이며, 개인의 유익이나 자랑이 아니라 교회 공동체 전체의 유익을 위해 사용해야 합니다.

성령의 은사에 대해서는 어느 정도 이해하셨으리라 믿고, 이제 성령의 열매에 대해서 살펴보도록 하겠습니다. 먼저 갈라디아서 5장 22절에서 23절을 찾아봅시다.

"오직 성령의 열매는 사랑과 희락과 화평과 오래 참음과 자비와 양선과 충성과 온유와 절제니 이 같은 것을 금지할 법이 없느니라."

이 구절에 성령의 열매가 몇 가지나 언급되어 있습니까? 그렇습니다. 아홉 가지가 나옵니다. 그런데 여기서 꼭 기억해야 할 것은 이 아홉 가지를 일컬어 성령의 열매들the fruits of the Holy Spirit이라는 복수형으로 표현하지 않고 성령의 열매the fruit of the Holy Spirit라는 단수형으로 표현하고 있다는 점입니다. 헬라어 성경은 물론이고 영어 번역본인 NIV, NASB, KJV도 모두 단수를 택하고 있으며 우리말 성경인 개역성경, 표준새번역성경, 공동번역성서도 단수형으로 표기하고 있습니다. 이 말은 결국 성도 개인의 인격 속에서 성령의 열매가 맺어질 경우, 이 아홉 가지 열매가 거의 동시에 발견된다는 뜻으로 볼 수 있습니다. 물론 사람에 따라 강하게 드러나는 부분이 있고 약하게 드러나는 부분이 있겠지만, 성령 충만 함을 받아 성령의 열매를 맺어 가는 그리스도인의 인격과 삶 속에는 이 아홉 가지 열매가 골고루 맺어지게 됩니다.

아홉 가지 열매 가운데 특히 사랑은 하나님의 명령입니다. 사랑은 그리스도인에게 요구되는 윤리적 명령이자, 하나님께서 우리에게 요구하시는 명령의 요약입니다. 여기서 꼭 기억해야 할 것은 "하나님을 사랑하고 이웃을 사랑하라"는 그 명령을 우리는 우리 자신의 힘으로 이룰 수 없다는 사실입니다. 이 명령에 순종하게 하시는 분은 오직 성령님이십니다. 우리 안에 내주해 계시는 성령님께서 우리를 통치하시고 지배하시고 이끌어 주실 때에만 비로소 우리는 사랑의 삶을 살 수 있습니다. 그렇기 때문에 우리 그리스도인들이 믿는 복음을 '전적인 은혜의 복음'이라고 하는 것입니다. 하나님의 은혜로 우리는 구원을 얻게 되고, 하나님의 은혜로 구원받은 자의 삶을 살아가게 되니까요.

정 교수의 특강 정리 노트

성령의 인격성personhood of the Holy Spirit   성령님은 하나님께서 소유하고 계시는 어떤 힘이나 영향력이 아니라, 삼위일체 하나님의 제삼위로서 지정의를 가지신 인격적인 분이다.

성령 세례   과거의 죄를 회개하고 예수 그리스도를 주님과 구주로 처음 믿는 순간, 죽었던 영혼이 성령으로 거듭나고 그 영혼 안에 성령께서 내주하시기 시작하는 사건을 말한다. 영구적이고 단회적이다.

성령 충만   날마다의 삶 속에서 성령님의 주 되심을 인정하고 성령님의 지배와 통치와 다스림을 받는 상태로서, 성도의 삶 속에서 반복적으로 경험하는 사건이다.

성령의 은사   성령님께서 개인과 교회의 유익을 위하여 주권적으로 주시는 선물로서, 초자연적·자연적 은사와 언어적·사역적·인격적 은사가 있다.

성령의 열매   성도의 영혼에 내주하시는 성령님께서 성도의 영혼을 날마다 거룩하게 하심으로 맺어지게 되는 인격적인 결과물. 사랑, 희락, 화평, 오래 참음, 자비, 양선, 충성, 온유, 절제가 이에 해당한다^{갈 5:22-23}.

●┈┈┈┈ **토론 문제**

1. 성령님의 신성과 인격성에 대하여 성경은 어떻게 가르칩니까?
2. 오순절 성령 강림 사건이 중요한 이유는 무엇입니까?
3. 성령 세례와 성령 충만의 차이점을 설명해 보십시오.
4. 성령의 은사와 열매는 어떻게 다른가요?

구원에 대하여

특강 6

조직신학 특강 여섯 번째 시간입니다. 오늘 우리가 다루고자 하는 주제는 구원입니다. 구원은 우리의 신앙생활과 대단히 밀접한 관계가 있습니다. 왜냐하면 예수님을 믿는 신앙생활은 결국 영원한 구원을 이미 얻은 자로서 구원받은 자답게 살아가는 삶을 의미하기 때문이죠. 오늘 강의를 통해서 구원에 대한 깊고도 넓은 이해를 얻을 수 있기를 간절히 바랍니다.

사람은 왜 구원받아야 하는가?

워싱턴 디시에 있는 모 장로교회 청년부흥집회에 강사로 초청이 된 적이 있습니다. 그날 집회를 마치고 숙소로 돌아가는데 워싱턴의 어느 대학에서 정치학 박사과정을 밟고 있는 박 집사님이라는 분이 제게 물었습니다. 그 지역의 작은 교회에 출석하면서 중고등부 교사로 섬기고 있는데 학생들에게 성경과 함께 기독교의 기본 교리들을 가르치다 보면 신학적으로 궁금한 것들이 많다고 하셨습니다. 특히 왜 사람이 구원을 받아야 하는지 설명해 주어야 하는데, 요즘 학생들이 워낙 영특해 집요하게 질문을 해 온다는 것이었습니다. 그날 저는 그분과 대화를 나누면서 교회학교 교사, 그리고 평신도 지도자들에게 '구원'에 대하여 가르치는 일이 절실하다고 생각했습니다. 그런 맥락에서 오늘 강의를 진행해 보겠습니다.

우리는 왜 구원을 받아야 할까요? 이 문제는 우리가 꼭 짚고 넘어가야 할 정말 중요한 주제입니다. 만일 사람이 자신이 구원받아야 할 사람이라는 것 또는 자신은 구원이 필요한 사람이라는 사실을 깨닫지 못한다면, 결코 예수님께로 나아가지 못할 것이기 때문입니다.

구원의 필요성을 이해하기 위해서는 사람이 처해 있는 상태에 대한 이해가 필요합니다. 혹시 '칼빈주의 5대 교리 또는 강령'Five Points of Calvinism 이라는 말을 들어 본 적이 있는지요? 이 다섯 가지 강령 중에 '인간 본성의 전적 타락'이라는 교리가 있습니다. 바로 이 인간 본성의 전적 타락이라는 성경적 진리를 바르게 이해할 때 구원의 필요성은 저절로 이해가 됩니다.

신구약 성경 전체는 아담과 하와의 타락 이후 모든 사람의 본성이 죄로 물들었고, 그 본성의 소욕을 따라 날마다 죄를 범하며 살게 되었으며, 그 죄로 인한 저주와 비참 속에서 자신과 타인들을 해치는 무의미하고 무가치한 삶을 산다고 했습니다. 또 끝내 한 번 죽게 되어 있으며, 죽은 후에는 하나님의 심판을 받아 영원한 지옥에서 영원히 형벌 받게 될 것이라고 가르칩니다. 이것은 사람이 처해 있는 저주스럽고 비참한 현실, 그리고 미래에 다가올 죽음과 두려운 심판과 영원한 형벌 때문에 모든 사람은 지금 여기에서 바로 구원을 필요로 하며, 우리 인생이 짧다는 현실을 감안할 때 누구에게든지 구원은 절박하고 시급하게 요청된다는 말입니다. 이 땅을 살아가는 모든 사람에게, 단 한 사람도 예외 없이 가장 시급하고 본질적으로 필요한 것이 바로 구원입니다. 구원을 받지 아니하면, 이 땅에서의 삶도 무의미한 시간 낭비가 될 뿐 아니라 이 땅을 떠나는 순간 영원히 멸망당할 수밖에 없습니다.

정리하면, 구원이란 사람이 죄와 그 죄의 결과인 심판과 죽음과 영원한 형벌로부터 해방되어 의인으로 인정을 받고, 심판에 이르지 아니하며, 죽음의 공포로부터 벗어나고, 영원한 멸망이 아닌 영원한 생명을 얻는 것입니다. 죄인은 우선 자신이 과거에 지은 죄, 현재에도 짓고 있는 죄, 그리고 미래에 지을 죄를 용서받아야 합니다. 그리고 죄의 근원이 되고 있는 죄의 본성에 대한 정죄로부터 해방되어야 합니다. 그런 다음 죄의 본성이 가지고 있는 세력과 힘으로부터 구원되어야 하고, 마지막으로 죄의 결과인 육신적인 죽음과 영원한 죽음으로부터 해방되어야 하며 죄와 사망의 권세를 가지고 우리를 노예 삼았던 마귀로부터 구원을 받아야 합니다.

그런데 이처럼 구원이 시급하고 절박한데도 불구하고 인간은 결코 자기 자신을 구원할 수 없습니다. 전적으로 타락된 본성을 가진 인간은 영적으로 죽어 있기 때문에 자신을 구원하는 데에 전적으로 무능력합니다. 사람들은 자신들의 죄와 허물로 인하여 영적으로 죽어 있기 때문에 자신이 구원받아야 하는 필요성조차 깨닫지 못할 뿐만 아니라, 설령 어떤 계기로 자신의 삶에 문제가 있다고 느껴 구원을 원한다 해도 자기의 능력으로는 절대로 구원을 이룰 수 없는 비참한 무능력의 현실 속에 살고 있습니다. 그래서 구원은 인간이 자신의 능력이나 공로로 이루어 내고 성취하는 업적이 아니라, 하나님께서 값없이 공짜로 주시는 은혜의 선물입니다.

우리가 믿는 복음은 하나님이 주시는 은혜의 선물에 관한 것으로서, 하나님께서는 이 은혜로운 구원의 선물을 당신의 아들 예수 그리스도 안에서 우리에게 주셨습니다.

 교수님, 성경은 우리에게 예수님을 믿으라고 요구하지 않습니까? "주 예수를 믿으라 그리하면 너와 네 집이 구원을 얻으리라"라는 사도행전 말씀도 있는데요, 그렇다면 믿음이 구원의 조건이 되는 것 아닙니까?

구원받는 방법

질문의 답은 '구원은 어떻게 받는가'라는 문제 안에서 해결해 나갈 수 있을 것 같습니다. 구원은 '믿음'으로 받습니다. 그러나 이 믿음이 결코 구원의 '조건'이 될 수는 없습니다. 조금 전에 제시하신 사도행전 16장 31절 말씀, "주 예수를 믿으라 그리하면 너와 네 집이 구원을 얻으리라"는 말씀만으로는 자칫 믿음이 구원의 조건처럼 비춰질 수 있습니다. 그러나 성경 전체를 놓고 볼 때 결코 그렇지 않습니다.

믿음이란 무엇입니까? 여러 가지로 믿음을 정의할 수 있겠지만 구원과 관계해서 믿음을 정의하면, 믿음은 구원의 조건이 아니라 구원이라는 선물을 받아들이는 통로, 즉 채널입니다. 좀 더 쉽게 설명드리면, 댐이나 저수지에 아무리 물이 많아도 우리 집으로 전달해 주는 수도관이 없으면 가정에서 수돗물을 사용할 수 없는 것처럼, 저수지에 있는 물을 구원이라고 할 때 구원이 우리의 것이 되려면 구원이 전달되는 통로 즉 수도관인 믿음이 필요하다는 말씀입니다.

그런데 잊지 말아야 할 사실은, 구원이 하나님께서 주시는 은혜의 선물인 것과 마찬가지로 구원이 우리에게 전달되는 통로인 믿음도 하나님의 선물이라는 점입니다. 에베소서 2장 8, 9절에 이에 대한 증거가 나옵니다.

"너희가 그 은혜를 인하여 믿음으로 말미암아 구원을 얻었나니 이것이 너희에게서 난 것이 아니요 하나님의 선물이라 행위에서 난 것이 아니니 이는 누구든지 자랑치 못하게 함이니라."

여기서 "믿음으로 말미암아"는 영어로 'through', 즉 '통하여'라는 뜻입니다. 그러니까 믿음이라는 통로를 통하여 하나님의 은혜 때문에 구원을 받는데, 그것이 하나님의 선물입니다. 즉, 구원뿐만 아니라 믿음까지도 결국은 하나님의 선물이라는 말입니다.

헬라어로 '믿음'은 '피스티스'^{pistis}, '믿는다'는 '피스테오'^{pisteo}인데, 모두 '신뢰하다'^{trust}는 의미를 가지고 있습니다. 곧 믿음의 본질은 신뢰하는 것입니다. 그렇다면 누구를 그리고 무엇을 신뢰한다는 걸까요? 하나님을 신뢰하고 예수님을 신뢰하며 하나님의 인격을 믿는다는 것이죠. 하나님은 너무도 신뢰하실 만한^{trustworthy} 분이고, 신실하신^{faithful} 분이기에 우리는 그분 자체를 신뢰하고, 그분의 인격을 믿으며, 그분의 약속을 신뢰할 수 있게 됩니다.

우리가 어떤 사람을 신용하려면 그 대상에게 신뢰할 만한 것이 있어야 하듯이 하나님의 신실하심과 신뢰할 만하심이 우리의 믿음을 낳기에 믿음이 하나님의 선물이라는 뜻입니다. 믿고 신뢰하는 주체는 우리지만 우리가 믿을 근거와 힘을 제공하시는 분은 하나님 자신이십니다. 그러기에 성경은 믿음도 하나님의 선물이라고 하는 것입니다.

로마서 10장 17절 말씀을 함께 봅시다. 저는 이 구절이 믿음의 본질을 잘 규명해 준다고 생각합니다.

"그러므로 믿음은 들음에서 나며 들음은 그리스도의 말씀으로 말미암았느니라."

믿음이 곧 예수님에 대한 신뢰라면, 이는 결국 예수님의 말씀을 신뢰하는 것과 동일한 것 아니겠습니까? 따라서 믿음이 생기기 위해서는 바로 예수님의 말씀, 특히 예수님께서 우리에게 해 주신 약속의 말씀을 듣는 과정이 필요합니다. 참되시고 거짓이 없으시며 신실하시고 무한히 신뢰할 만하신 예수님이 존재하시고, 예수님께서 그분의 말씀과 약속에 그분의 인격을 담아 주시기에, 예수님의 말씀을 참되게 듣는 자들에게는 그 말씀을 통하여 예수님에 대한 믿음이 생겨나는 것입니다.

 그러면 예수님께서 은혜로 주시는 구원의 복음을 듣고 믿음이 생기면 그 다음에는 어떤 일들이 일어나나요?

믿음의 결과로 받는 혜택

구원의 복음을 듣고 처음으로 예수님을 믿게 된 사람들에게서 나타나는 결과는 '회개와 중생'입니다. '회개'는 자신의 과거의 삶, 즉 죄와 허물로 인해 하나님을 등진 채 반역자로 살던 삶에 대하여 애통하는 마음을 갖는 것으로 시작합니다. 지금까지의 자신의 죄를 뉘우치는 것이죠.

그렇지만 그것은 회개의 시작일 뿐 완성은 아닙니다. 회개의 완성은 과거의 죄 된 삶에 대하여 슬퍼할 뿐 아니라 그 삶으로부터 180도 돌이키는 방향 전환이 있어야 합니다. 그러니까 그동안은 하나님을 거부하고 자신이 주인이 되어 자신의 더러운 욕망을 따라 자기 멋대로 불법한 삶을 살았다면, 이제부터는 하나님을 자신의 생명과 삶의 주인으로 인정하고, 하나님의 뜻에 따라 의로운 삶을 살기 시작하는 것 그것이 참된 회개입니다.

그러면 이 회개와 그리스도인이 매일 죄를 고백하는 것에는 어떤 차이가 있을까요? 처음 예수님의 복음을 듣고 믿을 때에 하는 회개는 방향을 전환하는 '단회적인' 사건입니다. 이스라엘 백성이 홍해를 건넌 이후에는 더 이상 애굽으로 돌아갈 수 없듯이 한 번 회개한 사람은 다시 과거의 상태, 죄의 종 된 삶으로 돌아갈 수 없습니다. 죄의 종에서 의의 종으로, 마귀의 자녀에서 하나님의 자녀로, 어둠의 자녀에서 빛의 자녀로 신분이 완전히 바뀐 것입니다.

그런데 우리의 모습은 어떻습니까? 우리의 신분이 변화되었음에도 불구하고 여전히 매일 죄를 짓지 않습니까? 죄를 단회적으로 회개하고 나서도 이렇게 매일 짓는 죄는 죄의 종, 마귀의 종으로서 짓는 죄가 아니라 이미 방향 전환을 한 상태, 즉 구원받은 백성이 된 상태에서 짓는 죄입니다. 그러므로 그 죄들에 대해서는 예수님께 고백함으로 반복적으로 씻음을 받아야 합니다. 이미 하나님의 자녀가 된 상태에서 매일매일 반복적으로 죄를 자백하고 씻음을 받는 것은 단회적인 회개와 대비해 볼 때, '반복적인 회개'라고 부를 수 있습니다.

하지만 근본적인 의미에서 회개란 처음 예수님을 믿고 영접하는 순간 죄의 종이 하나님의 자녀가 되는 단회적인 회심과 관련됩니다. 결국 처음 믿을 때의 회개는 단회적인 방향 전환의 사건인 반면, 믿는 이로서 매일의 죄를 고백하고 씻음을 받는 것은 하나님과 천국을 향하여 가는 도상에서 행하는 반복적인 일이라는 말입니다.

처음 예수님을 믿게 된 사람들에게서 나타나는 결과 가운데 두 번째인 '중생'에 대해서 말씀드리겠습니다. 중생이란 영의 거듭남을 의미합니다. 죄인들은 그들의 허물과 죄로 인해 그 영이 죽어 있습니다^{엡 2:1; 골 2:13}. 그러나 예수님을 믿을 때에 성령님은 그들의 영을 신생新生, 즉 새로 태어나게 하십니다. 이로써 그 영이 살면 하나님과 영적 관계를 맺을 수 있습니다. 예수님은 니고데모에게 "사람이 거듭나지 아니하면 하나님 나라를 볼 수 없느니라"^{요 3:3}라고 말씀하셨습니다. 죄인의 죽은 영이 거듭나고 신생할 때에 그는 하나님 가족의 일원으로 새롭게 태어나게 됩니다.

구원파에 속한 사람들은 자신이 거듭난 날짜와 시간을 정확하게 알아야 한다고 가르친다는데요?

한마디로 그것은 잘못된 가르침입니다. 예수님은 니고데모에게 거듭남은 성령님의 역사이며, 언제 어떻게 성령님께서 일하시는지 우리는 알 수 없다고 말씀하셨습니다. 또 주님은 바람이 어디에서 어디로 부는지 알 수 없는 것처럼 성령님은 신비롭게 역사하신다고 말씀하셨습니다. 따라서 내가 구원받은 정확한 시점을 알 수 있다고 생각하는 것 자체가 성령님의 주권적인 역사를 만홀히 여기는 것이며, 그 정확한 시점이 중요하다고 강조하는 것 역시 성경의 가르침을 벗어난 것입니다. 성경은 한 번도 우리에게 구원받은 시점을 정확하게 알아야 한다고 가르친 적이 없습니다.

　죄인이 믿음으로 회개하고 거듭나면 구원의 혜택을 누리게 된다고 성경은 가르칩니다. 그 믿음의 혜택에는 칭의, 양자 됨, 그리스도와의 연합, 성령의 내주하심, 하나님 나라의 백성 됨 등이 있습니다. 이제 한 가지씩 설명해 드리겠습니다.

　먼저 '칭의'란 '의롭다고 칭하다' '의롭다고 인정하다'는 뜻을 가지고 있습니다. 영어로는 'justify' 'justification'이라고 하지요. 모든 사람은 하나님의 법정에서 이미 죄인으로 기소되었고 사형이라는 형벌이 선고된 상태에서 사형 집행만을 기다리고 있습니다. 그런데 이러한 죄인이 예수 그리스도의 피 공로를 의지하여 예수님을 믿게 되면, 재판장이신 하나님께서 하나님의 법정에 선 죄인에게 무죄를 선언하시며 그리스도의 의를 옷 입은 의인이라고 선포하시게 됩니다. 그래서 이것을 '의롭다고 선언하고 인정하고 칭한다'는 의미에서 '칭의'라고 부르는 것입니다. 예수님을 믿는 모든 사람은 하나님 앞에서 의인이 되었다는 말씀이죠. 실제로는 죄의 본성이 여전히 우리에게 남아 있지만, 그 잔존하는 죄의 본성과 관계없이 하나님께서 우리를 완전한 의인으로 인정하신다는 말씀입니다. 이 은혜가 놀랍고도 놀랍기에 종교개혁자 마르틴 루터는 '믿음으로 의롭다 함을 얻는다'는 '이신칭의'以信稱義가 교회의 서고 넘어짐을 결정하는 교리라고 주장했습니다.

　칭의와 더불어 그리스도인들은 하나님의 자녀로 입양되는 혜택을 누리게 됩니다. 이것을 양자 됨, 영어로는 'adoption'이라고 합니다. 피조물인 우리가 본성적으로는 하나님의 자녀가 될 수 없지만 양자와 양녀로 입양됨으로써 법적으로 하나님의 자녀의 신분과 특권을 누리게 된다는 뜻입니다. 우리가 하나님의 자녀로 입양되면 본연적으로 하나님의 아들이신 예수 그리스도가 누리시는 모든 영광과 특권을 동등하게 누릴 수 있는 신분이 됩니다. 그래서 성경은 우리가 구원받는 것을 '그리스도의 영광에 들어가는' 것으로 자주 묘사합니다. 예수 그리스도는 우리의 맏형이 되시고, 우리는 그분의 형제들이 되는 것입니다.

그 다음, 예수님을 믿음으로 하나님 아버지의 자녀가 되는 것과 동시에 하나님의 아들이신 예수님과 영적으로 연합하여 그리스도의 신부가 됩니다. 그리스도와 연합한다는 것은 그리스도와 결혼한다는 뜻입니다. 믿음으로 우리 그리스도인들은 십자가에서 죽으신 예수님과 함께 죽고, 부활로 다시 사신 예수님과 함께 다시 사는 영적인 연합에 들어가게 됩니다. 이 연합으로 말미암아 예수님과 우리 사이에는 '거룩한 교환'[holy exchange]이 일어나게 됩니다.

그러면 거룩한 교환이란 무엇일까요? 이것은 예수님께서 갖고 계시는 생명과 의와 거룩함과 풍요로움은 우리의 것이 되고, 우리의 죄와 죽음과 악과 비참은 예수님께로 넘어가는 것을 말합니다. 이로써 우리는 예수님의 신부로서의 특권, 예수님께서 가지고 계시는 모든 부요와 영광에 함께 참예하며 누리게 됩니다.

또 예수님을 믿고 거듭난 성도들에게는 성령님께서 내주하시기 시작합니다. 이것을 성령 세례라고 부르지요. 한 번 내주하신 성령님은 영원토록 우리를 떠나지 아니하시고 항상 함께 계시며, 우리를 거룩한 자녀로 계속 만들어 가십니다. 성령님은 당신의 거룩함을 우리 영혼에 전달해 주시어[communicate], 우리의 영혼이 날마다 거룩해지도록 인도해 주십니다.

무엇보다 우리는 예수님을 믿음으로써 하나님 나라의 시민이 됩니다. 그래서 우리는 이 땅에서 이미 하나님 나라를 누리고 살 뿐 아니라, 이 땅을 떠날 때 영원한 하나님의 나라에 들어가게 됩니다. 빌립보서 3장 20절은 "오직 우리의 시민권은 하늘에 있는지라 거기로서 구원하는 자 곧 주 예수 그리스도를 기다리노니"라고 말하고 있습니다. 영원한 천국이 우리의 유산이 되고, 유업이 되고, 기업이 된다는 말입니다.

이토록 놀라운 혜택들이, 오직 은혜로, 거저, 공짜로, 값없이, 아무 대가 없이, 아무 공로 없이 우리에게 주어졌다는 사실이 너무도 엄청나지 않습니까? 이러한 하나님의 은혜를 참으로 깨달은 성도들은 하나님을 사랑하고 하나님을 기쁘시게 하는 삶을 살 수밖에 없습니다.

그리스도인의 성화란?

우리가 예수님을 믿고 의지하면 이렇게 놀라운 혜택을 누리게 된다고 하지만, 실제 우리의 삶의 모습은 좀 비관적인 것 같은데요? 예수를 믿음으로써 칭의와 양자 됨과 그리스도와의 연합과 성령님의 내주와 같은 놀라운 복을 받았음에도 불구하고 우리는 왜 계속해서 실패를 반복하는 것일까요?

이 질문은 '성화란 무엇인가'와 연관 지어 살펴보아야겠군요. '성화'란 '거룩하게 됨' '거룩하게 변하여 감'이라는 뜻을 담고 있습니다. 영어로는 동사형 'sanctify'와 명사형 'sanctification'을 사용합니다. 즉, 거룩하지 못했던 죄인이 예수님을 믿고 회개하고 거듭나게 되면서 거룩한 사람으로, 거룩한 인격으로 점진적으로 변화되어 가는 과정을 성화라고 합니다. 우리가 예수님을 믿고 거듭나 새사람이 되었다 하더라도 여전히 죄의 본성이 우리 안에 남아 있고, 이 죄의 본성으로 인해 생긴 죄의 습성들도 남아 있습니다. 성화란 내주하시는 성령님의 역사와 말씀의 능력으로 이 죄의 본성이 점점 죽어가고 우리 안에 심겨진 거룩한 생명이 자라나는 과정입니다.

생명이 아직 어리고 연약한 신앙의 초기 단계에서 장성해 있는 죄의 본성을 만나면 패배하기 쉽습니다. 바울은 갈라디아서 5장 16, 17절에서 우리 그리스도인들 안에 있는 내적 싸움에 대해서 언급하고 있습니다.

"내가 이르노니 너희는 성령을 좇아 행하라 그리하면 **육체**의 욕심을 이루지 아니하리라 **육체**의 소욕은 성령을 거스리고 성령의 소욕은 **육체**를 거스리나니 이 둘이 서로 대적함으로 너희의 원하는 것을 하지 못하게 하려 함이니라."

이 구절에서 "육체"는 우리 '몸'을 의미한다기보다는 우리의 전인격을 지배하던 '죄의 본성' 또는 '죄의 원리'를 의미합니다. 이런 관점에서 바울의 말을 풀어 보면, 그 죄의 본성에서 나오는 소욕들이 성령님을 대적하고 성령님이 주시는 의의 소욕이 바로 죄의 본성을 대적하기 때문에 서로 간에 갈등이 있게 된다는 말씀입니다. 이 갈등 속에서 육신의 소욕이 승리할 때 우리는 죄의 유혹에 넘어가 패배하는 생활을 하게 되고, 성령의 소욕이 승리할 때 주님의 뜻에 순종하고 승리하는 생활을 하게 됩니다.

 이제야 좀 이해가 되네요. 사실 제 안에도 많은 갈등들이 있었거든요. 그리고 지금도 많은 갈등을 경험하고 있고요. 교수님, 죄의 유혹에서 항상 승리하는 비결은 없나요?

비결이요? 있지요. 사실 조금 전에 읽은 본문에 정답이 들어 있습니다. 갈라디아서 5장 16절 상반절에 나오는 대로 "성령을 좇아" 행하면 됩니다. 성령을 좇아 행한다는 것은 성령의 인도에 따라 행함을 의미합니다. 비슷한 말씀이 갈라디아서 5장 25절에 나옵니다.

"만일 우리가 성령으로 살면 또한 성령으로 행할지니."

아울러 사도 바울은 로마서 8장 13절에서, 성령으로써 몸의 행실을 죽이면 산다고 전해 줍니다. 즉, 날마다의 삶 속에서 우리 안에 내주해 계시는 성령님의 주 되심을 인정하고 그분께 굴복하며 그분의 인도를 겸손하게 따르면 승리하게 된다는 것입니다.

성령님의 주 되심은 한 번 고백했다고 해서 끝나는 것이 아니라 매일매일, 순간순간 반복적으로 고백하며 행해야 할 일입니다. 우리는 예수님을 믿음으로써 주님의 주 되심을 단회적 · 영구적once and for all으로 인정했지만, 매일의 삶 속에서 계속해서 주님의 주 되심을 인정하는 고백도 계속 반복again and again해야 합니다. 마찬가지로 예수님을 믿음으로써 성령님으로 세례를 받았지만 매일의 삶 속에서 반복적으로 성령 충만을 받아야 합니다. 결국 죄의 유혹에서 항상 승리하는 삶의 비결은 반복적인 성령 충만에 있습니다. 성령님께서 우리의 삶을 지배하고 통제하고 통치하실 때에 우리는 승리하는 삶, 즉 하나님을 순종하고 많은 사람들을 유익하게 하는 삶을 살게 됩니다. 반복되는 성령 충만의 삶을 통해서 우리는 더욱더 거룩하게 되지요.

그러면 이런 성화의 최종 목표점은 어디일까요? 성화의 목표점은 예수 그리스도의 형상을 닮아 가는 것, 즉 그리스도의 장성한 분량에 이르는 것입니다. 그러나 아쉽게도 이 땅에 사는 동안에는 성화를 완성할 수 없습니다. 완전한 성화는 우리가 육신을 떠날 때에만 가능합니다. 그러나 우리는 완성을 향해서 끊임없이 나아가도록 부르심을 받았음을 항상 기억해야 합니다.

신자이던 사람이 중간에 타락하면 지옥에 갈까?

교수님, 저는 중고등부 교사로 섬기고 있는데요, 제가 가르치는 학생 중 한 명이 "교회 다니다가 안 다니면 지옥에 가나요?" 하고 묻더라고 요. 답이 뻔할 것 같은데, 막상 대답을 해 주려니 딱히 뭐라고 가르쳐 주어야 할지 모르겠더군요. 교수님, 신앙을 가졌던 사람이 중간에 타 락하면 지옥에 가나요?

이 문제는 신학적 관점에 따라 답이 달라질 수 있습니다. 전통 복음주의권에는 두 가지 큰 신학적 흐름이 존재해 왔습니다. 하나는 칼 빈주의이고 다른 하나는 아르미니우스주의입니다. 칼빈주의는 하나님 의 주권과 선택을 강조하면서 인간의 책임도 강조합니다. 그러나 아르 미니우스 전통에서는 인간의 자유의지와 책임을 강조합니다.

자, 그렇다면 칼빈주의 관점에서는 이 질문에 어떻게 대답할까요? 칼 빈주의 입장에서 볼 때, 한 번 믿은 사람의 구원은 영원히 보장되기 때문 에 참된 성도가 타락해서 지옥에 가는 일은 결코 일어날 수 없습니다. 그 러나 아르미니우스주의자들은 한 번 믿은 성도라도 자신의 자유의지적 인 결정에 의해서 하나님을 반역하고 다시 타락하면 지옥에 간다고 봅 니다.

여러분도 감을 잡으셨을지 모르지만, 저는 칼빈주의적 전통 즉 개혁주의 전통에 속해 있는 복음주의 신학자입니다. 그래서 저는 칼빈주의 5대 강령 중 다섯 번째 교리인 '성도의 견인'perseverance of the saints을 받아들입니다. 성도의 견인이란 한 번 믿은 그리스도인은 그가 천국에 골인할 때까지 자신의 믿음을 견고하게 지키는 인내의 삶을 살게 된다는 것입니다. 또 그렇게 살도록 하나님께서 주권적으로 힘을 주시고, 위로하시고, 인도하시고, 격려하신다는 말입니다. 결론지어 말씀드리면, 본인의 믿음이 참된 믿음이라면 그의 구원은 영원히 보장되며, 이 땅을 살아가면서 과정적으로 실패와 침체를 경험할지라도 끝내 믿음을 지키고 견디고 인내함으로써 영원한 천국에 들어가게 됩니다.

성도의 견인을 지지해 주는 성경 구절로는, 베드로전서 5장 10절이 있습니다.

"모든 은혜의 하나님 곧 그리스도 안에서 너희를 부르사 자기의 영원한 영광에 들어가게 하신 이가 잠간 고난을 받은 너희를 친히 온전케 하시며 굳게 하시며 강하게 하시며 터를 견고케 하시리라."

사도 베드로는 위의 말씀을 통해 환난과 핍박 속에서 믿음을 지키기 위해 분투하는 성도들의 믿음을 하나님께서 지켜 주시리라는 확신을 심어 주고 있습니다. 빌립보서 1장 6절 말씀도 성도의 견인을 지지해 줍니다.

"너희 속에 착한 일을 시작하신 이가 그리스도 예수의 날까지 이루실 줄을 우리가 확신하노라."

이 구절 역시 구원의 역사를 우리 속에서 시작하신 하나님께서 친히 그 역사를 완성하시리라고 가르쳐 줍니다.

 여러 가지 말씀 감사합니다. 그런데 구원론과 관련하여 예정과 선택

에 대한 설명은 아직 해 주시지 않았는데요……. 저는 이 부분이 굉장
히 궁금합니다.

　　설명해 드려야죠. 많은 분들이 궁금해하실 것 같아서 오늘 강
의 마지막에 말씀드리려고 남겨 두었습니다. 질문 감사합니다.
　　여러분도 아시겠지만 예정론은 신학적 난제에 속합니다. 개혁신학에
서는 하나님께서 창세 전에 구원받을 자를 예정 또는 선택하시고 멸망
받을 자를 예정 또는 유기遺棄하셨다고 주장합니다. 그러나 저는 이처럼
엄밀한 이중예정론double predestination보다는 좀더 온건한 선택론을 받아들입
니다. 성경은 창세 전 선택에 대해서는 강조해서 가르치지만 창세 전 유
기에 대해서는 덜 강조한다고 봅니다. 그러니까 저는 창세 전 선택과 유
기를 수평적으로 대등하게 강조하는 관점, 즉 엄밀한 칼빈주의보다는
선택을 더 강조하는 온건한 관점을 수용하지요. 제가 수용하는 온건한
관점은 사실상 교부신학의 완성자라고 불리는 어거스틴의 관점과 유사
합니다.
　　이유는 에베소서 1장에서 사도 바울이 성도들의 영원한 예정과 선택
을 말할 때에 한 번도 유기를 언급하고 있지 않기 때문입니다. 물론 선택
이 언급된다면, 비록 유기를 언급하지 않더라도 유기는 논리적으로 따
라오는 것이 아니냐고 반문할 수 있습니다. 그러나 저는 설령 멸망받을
자를 창세 전에 유기하기로 예정하셨다는 것이 사실일지라도, 성경이
그 사실을 구체적으로 언급하며 강조하지 않는 이상 우리 신학자들도
그것을 지나치게 강조해서는 안 된다고 생각합니다. 우리는 철저히 성
경의 모범을 따라야 하기 때문입니다.
　　누가 뭐래도 하나님이 창세 전에 구원하시기로 선택했다는 것이 성경

의 가르침임을 수용하고, 우리는 복음을 만민에게 전파하라는 주님의
지상명령에 순종해야 합니다. 누가 선택이 되었는지는 알 수 없지 않습
니까? 예정과 선택은 하나님께 속한 것이고, 우리는 단지 하나님의 명령
에 순종할 따름입니다. 그것이 가장 중요한 일이라고 믿습니다.

정 교수의 특강 정리 노트

• 중요 용어

구원 salvation　　　　　　　　죄 자체와 죄의 현존, 죄의 권세, 죄에 대한 정죄, 죄의 삯인 사망, 죄로 인한 오염, 죄의 권세를 가지고 우리를 지배하는 마귀로부터 구출되고 해방되는 것을 뜻한다.

이신칭의 justification by faith　　　　　　율법을 잘 지켜 행함으로나 종교적 공로를 쌓음으로가 아니라 오직 예수 그리스도의 십자가의 공로를 믿고 의지함으로 하나님의 법정에서 완전한 의인으로 칭함을 받는다는 복음의 핵심 교리.

성화 sanctification　　　　　　　믿음으로 의롭다 함을 얻은 그리스도인들의 영혼이 날마다 그리스도의 형상을 닮아 거룩해지는 과정을 의미한다. 성화는 오직 성령 충만으로만 가능하다.

칼빈주의 5대 강령 Five Points of Calvinism　　　1618-19년 네덜란드의 도르트에서 열린 개혁신학자 대회에서 아르미니우스주의자들에 대항하여 확립한 다섯 가지 근본 교리. 인간 본성의 전적 타락 total depravity, 무조건적인 선택 unconditional election, 제한적 속죄 limited atonement, 불가항력적 은혜 irresistible grace, 성도의 견인 perseverance of the saints의 영어 앞 글자를 모아서 보통 'TULIP'이라고 부르기도 한다.

아르미니우스주의 Arminianism 　　　　네덜란드의 개혁신학자 야
콥 아르미니우스가 칼빈주의 정통교리에 대항하여 제시한 가르침
들에 기초한 신학적 운동. 인간의 부분적 타락, 인간의 자유의지적
선택에 의한 구원, 구원의 확신 불가능성, 한 번 믿은 후의 타락 가
능성 등을 주장한다.

•토론 문제

1. 구원이란 무엇이며, 죄인들의 구원이 왜 그렇게 시급할까요?
2. 오직 믿음으로, 오직 은혜로 구원받는다는 말은 무슨 뜻일까요?
3. 구원을 받음으로 함께 받는 혜택들에는 어떤 것들이 있나요?
4. 칭의와 성화의 관계를 설명해 보십시오.
5. 하나님의 주권적인 선택과 전도의 의무는 어떻게 조화될 수 있나
　요?

교회에 대하여
특강 7

저는 덴버 신학대학원으로 오기 전, 테네시 주 킹 칼리지에서 학생들을 가르치면서 트라이시티 한인교회를 섬겼습니다. 교회 창립 5주년을 기념하는 감사예배 자리에서 한 교우님이 제게 질문을 해 왔습니다. 교회 창립 기념예배를 드리다 보니 새삼스레 생각하게 되었다면서, 교회의 본질에 대해서 물었습니다. 오랫동안 교회에 다닌 분인데도 그런 질문을 한 것을 보면, 많은 성도들이 교회에 대해서 잘 알고 있는 듯하지만 정작 아주 기본적인 내용조차 모른 채 신앙생활을 하는 경우가 많다는 생각이 들었습니다. 이런 현실을 염두에 두고 오늘은 교회에 대하여 살펴보겠습니다.

교회의 본질

여러분은 교회를 무엇이라고 생각하십니까? 혹시 빨간 벽돌로 지은,

십자가와 종탑이 걸려 있는 건물을 떠올리지는 않습니까? 엄밀히 말해 그것은 예배당이지 교회라고는 할 수 없습니다. 교회가 예배당을 사용하고 소유할 수는 있어도 예배당 자체가 교회가 될 수는 없지요. 교회의 본질은 사람입니다. 교회는 사람들 그 자체입니다. 물론 그냥 사람들은 아니지요. 예수님을 믿고 하나님을 사랑하는 사람들 자체입니다. 그들이 모여 공동체를 이루고 있는 것 그것이 바로 교회입니다.

성경은 교회에 대해 여러 가지 그림, 즉 교회에 대한 이미지들을 보여 줍니다. 여러 가지가 있지만, 우선 성부 하나님과 관련해 볼 때 교회는 '성부 하나님을 아버지로 모시는 가족' 입니다. 그러므로 교회의 성도들은 서로서로 형제자매가 됩니다. 우리는 한 식구로서 한 아버지를 모시고 살고 있기에 서로 사랑하고 아껴 줄 수밖에 없는 사람들입니다.

저는 가끔씩 제 아들 요한이에게 이런 질문을 던집니다.

"요한아, 너는 누구의 아들이니?"

그러면 제 아들 요한이는 "저는 아빠와 엄마와 하나님의 아들이에요" 라고 대답하지요. 그러면 제가 한 번 더 요한이에게 묻습니다.

"그럼, 요한이와 이 아빠에게 공통된 아버지는 누구시지?"

"하나님이요."

"맞아, 요한아. 하나님은 바로 나와 너에게 공통으로 존재하는 하늘에 계신 아빠야. Our heavenly Daddy 말이야."

그럼 요한이는 제게 "아빠는 funny" 하면서 크게 미소를 지어 줍니다. 그렇습니다. 교회는 하나님을 아버지로 모시고 사는 가족입니다.

둘째, 성자 하나님과 관련해 볼 때 교회는 '성자 예수 그리스도의 신부' 입니다. 성도 개개인이 예수님의 신부일 뿐 아니라 믿음의 공동체인 교회가 바로 예수님의 신부입니다. 우리가 그분의 신부이기에 예수님께서 가지고 계시는 영광과 존귀함에 우리도 참여하게 됩니다. 아울러 그분의 신부 된 교회는 예수님에 대한 신앙의 정절과 순결을 지키기 위해서 노력하고 애써야 합니다. 그러므로 교회에 여러 가지 불순물이 들어올 경우, 계속 정화하고 개혁해 나가야 합니다. 교회의 정화와 개혁의 필연성은 바로 예수님의 신부라는 교회의 정체성에 기인합니다.

셋째, 성령 하나님과 관계해 볼 때 교회는 '성령님의 전殿'입니다. 즉 성령님께서 사시는 집이라는 뜻입니다. 교회는 성령님의 전이므로 성령님의 거룩하심을 닮아 가야 합니다. 물론 교회를 구성하고 있는 우리 그리스도인들이 완전하지 못하기 때문에 교회 역시도 완전히 거룩할 수는 없습니다. 그러나 완전을 향해서 나아가는 모습을 보여 줘야 합니다. 그래서 교회의 행정이나 운영은 언제나 정직하고 투명해야 하는 거죠. 동시에 교회가 성령님의 전이라는 것은 결국 교회는 성령님께서 운행하시고 다스리시는 공동체라는 말입니다. 때문에 성경을 통하여 말씀하시는 성령님의 음성에 귀 기울이는 공동체가 되어야 합니다. 즉, 교회는 말씀을 듣고 그 말씀에 순종하는 말씀의 공동체가 되어야 합니다.

그런데 이 세 가지를 통합하는 이미지가 있습니다. 바로 교회는 '예수 그리스도를 머리로 하는 몸'이라는 것입니다. 즉, 예수 그리스도의 몸이 바로 교회입니다. 예수님이 머리이고 우리가 예수님의 몸이라는 이미지는 무엇을 강조하는 것일까요? 그것은 교회가 예수님과 완전히 연합되었기 때문에 세상 사람들이 예수님을 보려고 하면 교회를 보아야 하며 예수님의 손과 발을 만지고자 하면 교회를 만져 보아야 한다는 겁니다. 교회는 예수님과 뗄 수 없는 불가분의 관계 속에 존재합니다. 예수님과의 밀접한 관계가 끊어지면 교회는 그 생명력을 잃게 됩니다.

이러한 네 가지 근본적인 이미지 외에도 몇 가지가 더 있습니다. 교회는 '하나님 나라의 백성'입니다. 이것은 교회에 대한 정치적인 그림이지요. 하나님 나라의 백성으로서의 교회는 그 의무와 권리를 가지고 있습니다. 우선 교회는 왕이신 하나님의 사랑과 보호를 받는 특권을 누립니다. 그리고 왕이신 하나님께서 가지고 계시는 영광과 존귀함에 참예하게 됩니다. 또 하나님 나라의 시민으로서 죄와 사망과 마귀의 권세로부터 자유를 누립니다. 하지만 교회는 하나님 나라의 헌법을 준수해야 하는 의무도 다해야 합니다. 하나님 나라의 헌법은 하나님의 말씀에 절대 순종하라고 명령합니다. 그러한 순종의 맥락에서만 교회는 하나님 나라의 백성으로서 자유를 누릴 수 있습니다.

교회는 '하나님의 양무리'입니다. 그래서 예수 그리스도를 목자장으로 모시고 삽니다. 참된 목자이신 예수님은 우리를 항상 푸른 초장과 쉴만한 물가로 인도하십니다. 우리는 주님의 양무리로서 주님을 따르고 순종합니다.

교회는 또한 '진리의 기둥과 터'입니다딤전 3:15. 진리의 기둥과 터로서 교회는 오직 예수 그리스도의 복음 위에 정초해야 하며, 그 진리만을 수호하고, 전하고, 사는 하나님의 공동체입니다.

마지막으로 교회는 '하나님의 군대'입니다. 공중의 권세 잡은 악의 세력과 싸우기 위해서 하나님께 부름 받은 군사들입니다. 그래서 교회는 우리의 대장 되신 예수님을 따라 거짓과 비진리의 어두운 세력들에 대항하여 영적인 전쟁을 수행하며, 죄와 마귀의 권세 가운데 억눌려 있는 잃어버린 영혼들을 구원해 내는 구원의 방주가 되어야 합니다.

교회가 하는 일

 교회에 대하여 다양한 그림을 그려 주시니 교회에 대한 생각이 조금
더 명확해집니다. 교회와 관련하여 중요한 대목 가운데 하나가 교회
의 사역이라고 생각합니다. 교회가 어떤 일을 해야 하는지 설명해 주
십시오.

예수님의 부활하신 몸은 지금 하나님 보좌 우편에 계십니다.
그런데 교회가 예수님의 몸이라고 할 때, 예수님의 제2의 몸이 이 세상
에 존재한다고 볼 수 있습니다. 교회는 세상 속에 있는 예수님의 제2의
몸입니다. 그러므로 교회는 예수님께서 이 땅에 오셔서 하신 일을 따라
행해야 합니다.

예수님의 사역에 대해서는 네 번째 강의에서 충분히 설명드렸지만,
다시 한 번 살펴보도록 하겠습니다. 예수님의 주된 사역은 마태복음 9장
35, 36절에 잘 나와 있습니다.

"예수께서 모든 성과 촌에 두루 다니사 저희 회당에서 가르치시며 천
국 복음을 전파하시며 모든 병과 모든 약한 것을 고치시니라 무리를 보
시고 민망히 여기시니 이는 저희가 목자 없는 양과 같이 고생하며 유리
함이라."

이 구절은 예수님께서 행하신 네 가지 주된 사역에 대해서 전해 줍니
다. 바로 가르치시는 교육 사역, 천국 복음을 전파하시는 전도와 선교 사
역, 병과 약한 것을 고치시는 치유 사역, 민망히 여기시는 긍휼과 구제
사역입니다. 예수님께서 이 네 가지 사역에 집중하셨으므로, 이 세상에
존재하는 예수님의 몸인 교회 역시 이 네 가지 사역에 집중해야 합니다.

네 가지 사역을 교회에 적용해 보면 이렇습니다. 먼저 예수님께서 가르치신 것은 하나님은 어떤 분인가, 하나님께서는 우리에게 무엇을 요구하시는가, 우리는 어떻게 구원을 받는가 하는 것 등입니다. 그렇지만 무엇보다도 예수님은 사람들에게 '하나님의 말씀'을 가르치셨습니다. 따라서 오늘날 교회들도 하나님의 말씀을 가르치는 교육 사역에 에너지를 집중해야 합니다. 그렇게 하기 위해서는 교회에서 교사들을 잘 훈련하고 훌륭한 교사들을 많이 배출해야 합니다. 헌신된 교사들이 성경 교육과 신학 교육을 받을 수 있도록 여러 기회들을 많이 제공해 주어야 합니다.

둘째, 교회는 전도와 선교 사역을 감당해야 합니다. 예수님은 천국 복음, 즉 하나님 나라의 복음을 전파하셨습니다. 따라서 교회도 하나님 나라의 복음을 전파하는 데 정성을 기울여야 합니다. 하나님 나라의 복음이란 무엇을 말할까요? 그것은 죄로 말미암아 상실한 하나님의 통치를 우리의 마음과 삶과 공동체 속에 회복하시고 확립하시기 위하여 예수님이 이 땅에 오셨다는 것, 그리고 이 일을 이루시기 위해서 예수님께서 친히 십자가에 달려 몸으로 죄를 처리하시고 사탄의 머리를 격파하시고 승리하셨다는 것, 그래서 누구든지 회개하고 예수 그리스도를 믿으면 하나님 나라를 이 땅에서도 누리고 장차 영원히 하나님 나라의 백성으로 살게 된다는 것입니다. 이러한 복음을 전하기 위해서 교회는 전도자들을 세우고, 선교사들을 파송하고, 전도와 선교 훈련을 실행해야 합니다. 우리 또한 생활 속의 전도자, 생활 속의 선교사가 되어야 합니다.

셋째, 교회는 치유 사역을 감당해야 합니다. 예수님께서 모든 병과 모든 약한 것을 고치셨으므로 우리는 전인적인 접근을 해야 합니다. 전인적 접근이란 영과 육 전체를 아우르는 치유 사역을 말합니다. 즉, 육신의 질병뿐만 아니라 마음과 정신의 질병들, 나아가서 영적인 질병까지도 치유하는 총체적인 치유사역을 감당해야 한다는 말입니다. 조금 더 확대한다면, 가치관이 병든 사람들의 가치관 치유 교육도 포함할 수 있겠습니다. 교회는 위대한 의사이신 예수님의 몸이기에 예수님의 능력으로 육신, 마음, 정신, 영혼, 가치관, 인격 등 사람과 공동체 전체를 치유하는 일을 수행해야 합니다. 요즘에는 육신적인 질병도 많지만 마음과 정신이 병든 사람이 너무 많습니다. 우울증과 자살에 노출된 사람들이 얼마나 많은지 모릅니다. 교회는 이런 사람들까지도 찾아가서 치유해야 합니다.

넷째, 교회의 긍휼과 구제 사역은 어떤 모습이어야 할까요? 예수님은 무리를 보시고 민망히 여기셨습니다. 여기서 민망히 여긴다는 것은 창자가 끊어지는 듯한 아픔을 느끼셨다는 말입니다. 따라서 교회는 목자 없는 양과 같이 고생하며 유리하는 사람들에 대하여 불쌍히 여기고 안타깝게 여기는 긍휼의 마음을 가져야 합니다. 이 세상에서 버려지고 소외된 사람들, 가난하고 핍박받는 사람들을 찾아가서 위로하고 빵을 나누어 주는 사역을 감당해야 합니다.

이 세상에서 버려지고 소외된 사람들이라면 어떤 사람들이 있을까요? 부모 없는 고아들, 남편 없는 과부들, 돈이 없어 굶는 사람들, 장애인들, 범죄자들, 외국인들이 포함되겠지요. 예수님이 말씀하신 "지극히 작은 자", 즉 "소자"들이지요. 예수님은 이들에게 물 한 그릇을 주는 것, 빵 한 조각을 나누어 주는 것이 곧 예수님께 하는 것이라고 말씀하셨습니다. 예수님의 몸 된 교회는 이런 긍휼과 구제의 사역에 에너지를 집중해야 합니다. 이로써 세상 사람들이 어둠 속에서 빛을 보고 칠흑 같은 절망 속에서 희망을 볼 수 있어야 합니다. 예수님은 교회를 세상의 빛과 소금이라고 말씀하시지 않았습니까?

 교수님! 이제 교회가 무슨 일을 해야 하는지 분명하게 알겠습니다. 그런데 한 가지 중요한 것이 빠진 것 같은데요? 교회는 예수님의 사역을 본받아야 한다는 것은 이해가 되는데, 우리가 교회생활을 하는 데에 가장 중요한 부분은 예배가 아닌가 싶습니다. 교회와 예배의 관계는 뭔가요?

교회는 교육, 선교, 치유, 긍휼 등의 사역을 감당하지만 이 사역을 잘 감당할 수 있는 본질적인 힘은 '예배'를 통해서 공급받습니다. 예배는 교회와 성삼위 하나님이 만나는 사건입니다. 교회가 하나님을 찬양하고 높이고 경배하는 일, 하나님이 우리를 만져 주시고 위로하시고 힘 주시는 일이 바로 예배를 통해 이루어지기 때문입니다. 참된 예배의 감격과 기쁨이 없이 교회가 다른 사역들을 잘 감당하는 일은 거의 불가능합니다.

교회를 교회 되게 하는 특징

 교회의 본질과 사역에 대한 설명을 듣고 나니 제게 큰 도전이 됩니다. 설명 감사합니다. 그런데 지난번에 어떤 목사님께 들으니 종교개혁 시대 때 참 교회를 결정하는 표지에 대한 논쟁이 있었다고 하던데요?

이 사건을 이해하기 위해서는 우선 초대 교회와 교부 시대에

걸쳐서 교회를 교회 되게 하는 네 가지 특징들에 대한 합의가 널리 수용
되었음을 기억해야 합니다.

교회를 교회 되게 하는 특징 가운데 첫째는 교회의 '통일성'unity입니
다. 교회는 지역마다 문화권마다 다양한 모습을 가질 수 있지만 근본적
으로 예수 그리스도의 한 몸으로서 통일성을 갖는다는 것입니다. 즉, 모
든 참된 주님의 교회는 주님 안에서 하나라는 것입니다.

둘째는 교회의 '거룩성'holiness입니다. 교회는 구원받고 거룩해진 성도
들의 모임이기에 하나님 앞에서 거룩한 회중이며, 하나님의 나라를 위
해 구별된 회중입니다. 물론 교회는 여전히 죄인들의 모임입니다. 그러
나 신분상으로 볼 때 이미 교회는 예수 그리스도의 거룩한 신부요 성령
님의 거룩한 전입니다.

셋째는 교회의 '보편성'catholicity, universality입니다. 여기서 보편성이란, 모든
교회가 공동으로 합의할 수 있는 보편적인 진리 또는 복음이 교회의 기
초가 된다는 것입니다. 그리고 시공간을 초월하여 어느 때든지, 어느 곳
이든지 주님의 이름으로 두세 사람이 모인 곳에는 교회가 형성된다는
뜻입니다.

그리고 넷째는, 여러분도 잘 알고 계신 교회의 '사도성'apostolicity입니다.
사도성이란 사도들이 전한 복음의 터 위에 교회가 세워져 있다는 뜻입
니다. 에베소서 2장 20절에서 사도 바울은 "너희는 사도들과 선지자들
의 터 위에 세우심을 입은 자라"라고 말하고 있습니다.

이렇게 네 가지 특징들에 대한 합의가 오랫동안 수용되어 왔는데, 종
교개혁 시대에 교회의 표지 논쟁이 새롭게 일어났습니다. 그것은 중세
가톨릭교회가 복음을 왜곡하고 기독교 신앙을 성례전을 중심으로 조직
화한 데서 비롯되었습니다. 이들이 교회의 본질을 많은 부분 훼손하였

기에 안티테제로서 개혁교회는 말씀 중심의 기독교 신앙을 회복하려고 했습니다. 가톨릭교회는 아직도 일곱 가지 성례를 고집하는데, 이들의 관점에서 참 교회는 일곱 가지 성례를 보존하고 유지하는 것을 특징으로 합니다.

그러나 종교개혁자 루터나 칼빈은 가톨릭교회의 일곱 성례를 거부하고 '세례와 성찬' 이 두 가지만을 성례로 규정했습니다. 세례와 성찬만을 성례로 규정했다는 것은 교회를 교회 되게 하는 표지가 결국 다른 데에 있다는 것을 의미합니다. 루터는 교회를 교회 되게 하는 표지를 두 가지로 규정했습니다. 하나는 하나님의 말씀, 즉 은혜의 복음의 순수한 선포와 그 말씀을 따라 사는 삶, 둘째는 말씀에 근거하여 세례와 성찬을 바르게 집행하는 것이었습니다. 결국 진리와 말씀의 순수한 선포가 교회를 교회 되게 하는 표지 중의 표지라고 주장한 거지요. 루터는 교회에 대한 두 가지 표지를 내세웠지만, 첫 번째 표지 즉 말씀의 순수한 선포와 가르침을 가장 중요한 표지로 생각했습니다.

칼빈 역시 루터의 기본 통찰을 수용하면서 하나님 말씀의 순수한 전파와 순종, 그리고 세례와 성찬의 바른 집행을 교회를 교회 되게 하는 표지로 제시했습니다. 그런데 여기서 기억할 사항은 칼빈이 속한 개혁파 신학자들 중에는 두 가지 표지 위에 세 번째 표지를 내세운 사람들이 있었다는 점입니다. 스트라스부르에서 개혁운동을 주도한 마르틴 부처 Martin Bucer, 1491-1551는 칼빈의 친구로서 칼빈에게 많은 영향을 주었습니다. 그는 하나님 말씀의 순수한 전파와 성례의 바른 집행 이외에 교회 내에서의 '권징과 치리의 바른 행사' 도 교회를 교회 되게 하는 표지들 가운데 하나라고 주장했습니다. 부처는 이름만 그리스도인일 뿐 실제로는 그리스도인다운 삶을 살지 않는 사람들이 교회에 많이 모여 있을 경우, 그것을 참된 교회로 볼 수 없다고 주장합니다. 비윤리적인 삶을 사는 그리스도인들을 권징하고 치리하는 역할이 교회의 순수성을 지키는 데 중요하다고 생각했지요.

하지만 칼빈은 부처와 생각이 달랐습니다. 어차피 인간은 불완전하기 때문에 교회 내에도 미숙한 성도들이 들어와 있을 수 있다고 보았습니다. 저도 근본적으로 루터와 칼빈의 생각에 동의합니다. 하지만 루터와 칼빈이 종교개혁기라는 시대적 배경 속에서 그런 주장을 내세웠기 때문에 21세기 현대의 관점에서는 교회의 표지에 대한 이해가 좀 달라질 수 있겠지요.

현대 복음주의 신학자들 가운데 도널드 블뢰시^{Donald Bloesch}는 기본적으로 루터와 칼빈이 제시한 두 가지 표지를 받아들입니다. 그런 다음, 그 기초 위에 교회를 교회 되게 하는 다른 표지들을 제시하지요. 그가 제시한 표지 중 하나는 '기도'입니다. 기도하지 않는 교회가 어떻게 참 교회일 수 있느냐고 합니다. 둘째는 '사랑'입니다. 사랑이 없는 교회가 어떻게 참 교회일 수 있느냐는 것이죠.

저도 블뢰시의 말이 일리가 있다고 생각합니다. 하지만 엄밀히 말해서 하나님의 말씀이 순수하게 선포되고 수용되는 교회라면 그 교회는 필연코 기도하는 교회일 것이고 사랑이 있는 교회일 것입니다. 그렇다면 기도와 사랑은 크게 보아서 하나님의 말씀의 순수한 전파의 결과로 이해할 수 있겠지요. 따라서 신학자들이 자기 나름대로 성경에 근거하여 교회의 표지들을 더 많이 제시할 수는 있지만, 결코 포기할 수 없는 가장 근본적인 표지는 역시 하나님의 말씀, 즉 성경 말씀이 순수하게 선포되고 그 말씀에 대한 순종의 삶이겠지요.

이런 관점에서 볼 때, 성례의 바른 집행 역시도 결국 하나님의 말씀이 순수하게 선포되는 것과 밀접한 관련이 있다고 볼 수 있습니다. 왜냐하면 설교가 선포되는 하나님의 말씀이듯이, 성례는 눈에 보이는^{visible} 하나님의 말씀이기 때문입니다. 세례의 물과 성찬의 떡과 잔은 복음의 메시지를 우리 눈으로 볼 수 있게 해 줍니다.

 교회의 표지에 대해 설명하시면서 성례에 대해 언급하셨는데요, 전 솔직히 감이 잡히지 않습니다. 성례에 대해서 상세히 설명해 주시면 고맙겠습니다.

성례란 무엇인가?

우선 '성례'에 대한 개념부터 정리해 봅시다. '성례'^{聖禮}는 '거룩한 예식'이라는 뜻으로, 영어로는 'sacrament'라고 하지요. 'sacrament'의 'sacra'는 어원적으로 '거룩한'이라는 의미를 담고 있습니다. 즉, 성례란 교회에서 거룩한 것으로 구별한 예식이라고 할 수 있습니다.

위대한 신학자 어거스틴은 눈에 보이지 않는 하나님의 은혜를 눈으로 볼 수 있게 해 주는 사인^{sign}, 즉 증표가 성례라고 주장했습니다. 그리고 종교개혁자 루터는 눈에 보이는 증표가 덧붙여진 하나님의 약속들을 성례라고 했습니다. 그래서 루터는 죄 사함에 대한 하나님의 약속들을 눈에 보이게 해 주는 증표인 세례와 성만찬만을 성례로 인정했습니다. 루터는 세례의 물이 씻음 즉 죄 사함과 그리스도와의 연합의 은혜를 의미하고, 성만찬의 떡과 포도주가 예수 그리스도의 대속의 죽음과 그로 말미암는 죄 사함을 의미한다고 봅니다. 그렇기에 우리가 세례에 참여하는 것은 물을 통하여 상징되는 죄 사함과 영적 연합의 은혜에 참여하는 것이고, 우리가 성찬에 참여하는 것은 떡과 포도주로 상징되는 그리스도의 대속의 은혜에 참여하는 것이지요.

 세례의 의미에 대해서는 교단들 간에 공통된 이해가 있는 것 같은데 세례의 방식에 대해서는 견해들이 좀 다른 것 같습니다.

로마 가톨릭, 루터교, 장로교, 영국성공회, 감리교 같은 교단들은 머리에 물을 뿌리는 방식sprinkling의 세례를 선호하는 반면, 침례교나 독립교회 같은 교단들은 온몸을 물에 담그는 침수immersion 방식을 선호하거나 고집합니다. 예수님께서 세례 요한에게 세례 받으실 때 침수 방식으로 받으셨다는 생각 때문이지요.

그러나 우리가 기억할 것은 세례를 주는 방식이 아니라 세례의 참된 의미입니다. 세례를 주는 방식이 침수이건 뿌림이건 간에 세례 시에 사용되는 물의 의미를 이해하는 것이 중요합니다. 물은 더러움을 씻는 것을 상징하며, 물에 들어갔다가 나옴으로 죄로 물든 옛사람이 죽고 거룩한 새사람으로 다시 살아난다는 의미를 담고 있습니다. 따라서 물은 죄 사함, 거듭남, 중생과 부활, 곧 새로운 피조물이 되는 것을 상징합니다. 결국 세례를 줄 때 세례의 외적 형식은 부차적인 것이며, 세례의 내적 의미가 더 중요함을 우리는 기억해야 합니다.

세례에 대한 견해가 다양하듯이 성찬에 대한 이해도 다양합니다. 특히 우리가 성찬에 참여할 때 예수님이 어떤 방식으로 현존하시느냐에 대한 신학적 논쟁이 있었습니다. 가톨릭교회는 성찬의 떡과 포도주가 예수님의 살과 피로 실제로 변한다는 '화체설'transubstantiation을 주장합니다.

그리고 루터는 '공재설'consubstantiation을, 츠빙글리는 '기념설'memorialism을 주장했지요. 루터의 주장은 예수님의 살이 그 떡과 함께 있고 예수님의 피가 그 포도주와 함께 있다는 것이고, 츠빙글리는 떡과 포도주는 단지 예수님의 살과 피를 상징할 뿐 예수님의 살과 피는 실제로 성찬식에 현존하지 않는다고 주장했습니다.

저는 칼빈의 관점을 따르는데, 칼빈은 '영적 임재설'spiritual presence을 주장했지요. 즉, 예수님의 살과 피가 성찬의 떡과 포도주에 임재하시지는 않지만 예수님의 영이 성령님을 통하여 성찬식에 임재하신다는 주장이죠. 따라서 우리가 성찬식에 참여할 때 떡과 포도주가 상징하는 사죄의 은혜를 성령 안에서 누리고 체험하게 되며, 예수님을 영적으로 만나는 체험을 할 수 있다는 말입니다. 그러므로 성찬식은 형식적인 예식으로 그칠 수 없고, 은혜를 사모하는 모든 그리스도인이 정성을 다해서 준비하고 참여해야 하는 중요한 예식인 것입니다.

여기서 꼭 한 가지 기억해야 할 것은, 세례식과 성찬식이 거행될 때 반드시 이 예식과 관련된 하나님의 말씀이 선포되고 하나님의 약속이 증거되어야 한다는 점입니다. 다시 말해, 하나님의 말씀과 약속에 근거해서 세례와 성찬이 집행되어야 합니다.

정 교수의 특강 정리 노트

화체설^{transubstantiation}   성찬식에 사용되는 떡과 포
도주가 실제로 예수님의 살과 피로 변화된다는 로마 가톨릭교회의
관점.

공재설^{consubstantiation}   성찬식에 사용되는 떡과 포
도주에 예수 그리스도의 영뿐만 아니라 부활하신 몸이 함께 계신다
는 주장으로, 마르틴 루터가 대표적인 주창자이다.

영적 임재설^{spiritual presence}   성찬식 중에 예수 그리스도
의 몸은 하나님 우편에 계시지만 성령님을 통하여 영적으로 임재하
신다는 주장으로, 존 칼빈이 대표적인 주창자이다.

기념설^{memorialism}   성찬식에는 예수 그리스도
께서 영적으로든 육적으로든 임재하시지 않으며 성찬식은 단지 교
회의 회중이 예수 그리스도의 죽으심을 기념하는 의식에 불과하다
는 주장으로 츠빙글리가 대표적인 주창자이다.

1. 성경은 교회의 본질에 대한 다양한 그림들을 제시합니다. 이 책에서 제시한 것들 외에 어떤 것들이 있을까요?

2. 교회의 중심 사역을 교육과 선교와 치유와 긍휼로 볼 때, 사회정의 구현을 위한 교회의 사역은 어떤 범주에 들어갈지 이야기해 봅시다.

3. 교회를 교회 되게 하는 표지로서 말씀의 순수한 전파와 순종이 왜 그렇게 중요할까요?

4. 교회생활을 하는 데에 세례와 성찬의 의의와 중요성은 무엇일까요?

5. 오늘날 한국 교회가 교회의 본질에 충실하기 위해서 회복해야 할 것들은 무엇일까요?

그리스도인의
윤리적 삶에 대하여

특강 **8**

그리스도인, 어떻게 살아야 할까?

그리스도인의 가정생활, 어떠해야 할까?

그리스도인의 경제생활, 어떠해야 할까?

그리스도인의 역사의식, 어떠해야 할까?

그리스도인의 문화생활, 어떠해야 할까?

저는 지난여름 로스앤젤레스의 미주 장로회신학대학에 특강을 하러 가던 중, 샌프란시스코 근처의 산호세에 살고 있는 사촌동생 집을 가족들과 함께 방문했습니다. 며칠을 머물면서 저희는 신앙 안에서 아름다운 교제를 나눌 수 있었습니다. 특히 사촌동생의 남편 마이클은 유망한 벤처사업가인데 사업과 경제 영역에서 하나님의 나라를 실현하기 위해 노력하는 헌신된 신앙인으로서, 제게 그리스도인의 정체성에 대해서 물어 왔습니다. 아무래도 사업을 하다 보니 세상과 신앙 사이에서 겪는 갈등이 존재하는 듯했습니다. 마이클과 이야기를 나누면서 사회생활을 하는 모든 그리스도인이 이런 문제를 놓고 얼마나 고민하는지 알 수 있었습니다.

이 시간에는 세상 속에서 불가피하게 살아야 하는 그리스도인들의 윤리적 삶에 대하여 살펴보겠습니다. 다른 시간에는 제가 주로 설명을 하고 가끔 질문을 받았는데요, 오늘은 여러분이 질문을 하면 제가 답하는 식으로 강의를 진행하도록 하겠습니다.

그리스도인, 어떻게 살아야 할까?

 교수님, 저는 교회 다닌 지 얼마 되지 않은 형제입니다. 사업을 하고 있고요, 나름으로 그리스도 안에서 신앙생활을 하려고 열심을 내고 있지만 참 힘이 드네요. 주변에 사업차 만나는 사람들을 보면 본인이 그리스도인이라고 말은 하지만 정작 그리스도인답게 사는 사람들은 찾아보기 어렵습니다. 그리스도인은 어떻게 살아야 합니까?

그렇지요. 일주일에 한두 번 교회에 나와 다른 사람들에게 거룩하게 보이는 삶을 살기란 그래도 쉽지만 자신의 삶의 전 영역에서 하나님의 뜻에 순종하며 살아가는 것은 쉬운 일이 아닙니다. 요즘 그리스도인의 가정조차 많이 파괴되어 있으며, 그리스도인들이 직장과 사업 현장에서 빛과 소금이 되지 못한 생활을 하고 있습니다. 정치 영역에서도 그리스도인들이 선한 영향을 미치지 못하고 있다는 사실에 누구나 동감할 것입니다. 정말 그리스도인다운 그리스도인을 찾아보기가 어려운 세상이 되어 가고 있습니다.

이런 시대에 그리스도인은 어떻게 살아야 할까요? 이 문제에 대한 바른 이해가 선행될 때 그리스도인의 삶에 대한 구체적인 각론들도 제대로 정립이 될 것입니다. 형제님의 질문과 연관하여 그리스도인들은 어떻게 살아야 하는지, 몇 가지 원리들을 짚어 보겠습니다.

첫째는 고린도전서 10장 31절에 나오는 '하나님의 영광'을 위한 삶의 원리입니다.

"그런즉 너희가 먹든지 마시든지 무엇을 하든지 다 **하나님의 영광을 위하여 하라**."

"하나님의 영광을 위하여 하라"는 것은 무슨 말일까요? 그것은 거룩하시고 선하신 하나님의 이름에 합당한 영광이 돌아가도록 하라는 뜻입니다. 결국 우리의 생각과 말과 행동이 하나님께 누를 끼치는 것이 아니라, 하나님의 영예를 드높이는 것이 되어야 한다는 말씀입니다.

둘째 원리는 가장 큰 계명과 새 계명에서 반복되고 있는, 위로는 하나님을 마음과 정성을 다해 사랑하고 아래로는 이웃을 내 몸과 같이 사랑하라는 '사랑의 원리'입니다. 우리의 생각과 말과 행동이 사랑에서 나오고, 그 과정이 사랑으로 이어지고, 사랑을 목적으로 하라는 것입니다.

그런데 여기서 짚어 보아야 할 것은 하나님 영광의 원리와 사랑의 원리가 서로 밀접하게 연결되어 있다는 점입니다. 조금 전에 읽은 고린도전서 10장 31절의 앞뒤 문맥을 살펴보면 두 개의 원리가 결국 하나임을 알 수 있습니다. 31절을 감싸고 있는 24절과 33절을 읽어 보십시오.

"누구든지 자기의 유익을 구치 말고 남의 유익을 구하라."

"나와 같이 모든 일에 모든 사람을 기쁘게 하여 나의 유익을 구치 아니하고 많은 사람의 유익을 구하여 저희로 구원을 얻게 하라."

어떻습니까? 이 두 구절은 하나님의 영광을 위한 삶이 바로 다른 사람의 유익을 구하는 삶임을 가르쳐 주지 않습니까? 즉, 그리스도인의 삶의 첫 원리인 하나님의 영광을 위한 삶은 곧 둘째 원리인 사랑의 삶과 동일한 것이 됩니다. 우리가 하나님의 영광을 위하여 사는 것은 곧 다른 사람들의 유익을 위하여 사는 것이라는 말씀입니다. 거꾸로 말하면 사람을 사랑하면서 그들의 유익을 위해 사는 삶이 하나님의 영광을 위한 삶이지요.

우리 그리스도인들이 세상을 살아가면서 만나는 사람들에는 크게 두 부류가 있을 것입니다. 예수님을 믿는 그리스도인들과 예수님을 믿지 않는 불신자들. 이 두 부류의 사람에게 우리가 무엇을 해 주는 게 그들에게 유익일까요? 제 생각에 신자들에게 필요한 것은 그들이 주님께 더 붙어 있을 수 있게 하는 것이고, 불신자들에게는 구원 얻게 하는 것이 필요하겠지요. 물론 궁극적으로 이 두 부류의 사람 모두 예수님이 필요하다는 점에서는 동일하겠지만요.

 말씀 감사합니다. 그렇다면 다른 사람의 유익을 위해 사는 것은 구체적으로 무엇을 의미합니까?

앞서 말씀드렸지만 다른 사람의 유익을 위해 사는 것은 결국 그들의 필요와 부족함을 채워 주고 연약함을 붙들어 주고 서로의 짐을 나누어 지는 삶이 아닐까 싶습니다. 다시 말해 섬김과 나눔과 봉사의 삶을 뜻하지요. 하나님께서 우리에게 주신 것들을 가지고 나누며 섬기는 삶이 곧 하나님의 영광을 위한 삶이 됩니다.

사람의 필요를 크게 세 가지 정도로 구분할 수 있습니다. 하나는 신체적인 필요입니다. 신체적인 필요의 근본에는 의식주 문제가 있겠지요. 우리 그리스도인들은 음식과 의복과 거주의 측면에서 부족함이 있는 사람들을 채워 주어야 합니다. 질병과 가난으로 고통 받는 사람들의 필요도 채워 줘야겠고요. 둘째는 인격적·정신적 필요입니다. 인격적·정신적 필요의 근본에는 지성적 필요, 정서적 필요, 의지적 필요가 있습니다. 특히 배움의 기회를 잃은 분들에게 배움의 기회를 제공하는 것, 정서적인 계발의 기회를 잃은 분들에게 그 기회를 채워 주는 것 역시 대단히 중요합니다. 소망과 비전을 펼칠 기회를 잃은 분들에게 그런 기회를 제공하는 것도 정말 중요하고요. 마지막으로 영적인 필요입니다. 영적인 필요의 근본은 예수님을 만나고, 하나님과의 바른 관계를 정립하는 것입니다. 그래서 우리 그리스도인들은 누구를 만나든지 궁극적으로 그 사람을 구원하는 것을 최종 목적으로 삼아야 합니다.

그리스도인의 가정생활, 어떠해야 할까?

 저는 얼마 전에 결혼을 했고, 돌이 막 지난 아이를 둔 가장입니다. 준비 없이 결혼생활을 시작해서인지 알게 모르게 가장으로서 부담을 느낄 때가 있습니다. 그리스도인의 가정생활은 어떠해야 할까요?

아주 중요한 질문입니다. 특히 요즘 미국이나 한국이나 가정 해체가 극심하다고 합니다. 어떤 분에게 이야기를 들으니 미국에서는 그리스도인들의 이혼율이 일반인들의 이혼율보다 더 높은 것으로 집계되었다고 하더군요. 또 한국의 이혼율도 미국 못지않게 아주 높은 것으로 보도된 것을 보았습니다. 이런 시점에 성경에서 말하는 가정생활의 원리를 짚어 보는 일은 매우 중요하다고 생각합니다.

먼저 가정은 어떻게 구성되는가 하는 질문을 던질 수 있겠습니다. 가정은 반드시 한 남자와 한 여자가 결혼을 통하여 연합함으로 시작됩니다. 그 후 이 부부 사이에 자녀가 태어나면 이 자녀들도 가정의 구성원이 되고요. 결국 이성간의 사랑에 의한 연합이 가정을 구성하는 근본 원리이지요.

요즘 미국을 비롯한 서구권에서는 결혼의 개념을 수정하려는 사람들이 많이 나타나고 있습니다. 특히 동성애자들은 동성끼리도 결혼할 수 있으며, 동성부부들도 이성부부들과 같은 권리를 누릴 수 있다고 주장합니다. 그러나 성경은 분명하게 밝히고 있습니다. 결혼은 반드시 한 남자와 한 여자 사이의 결합이어야 한다는 점을요.

이미 네덜란드나 스웨덴 그리고 캐나다 등지에서는 동성 결혼이 합법화된 상태입니다. 그러나 저는 그것이 전 지구촌을 소돔과 고모라처럼 만들려는 마귀의 계략이라고 봅니다. 이 시대에 그리스도인들은 정말 깨어 있어야 합니다. 지금 미국을 비롯한 전 세계에서 일어나고 있는 일들은 종말에 예수님을 대적하는 적그리스도의 등장을 준비하는 일들입니다.

이제 남편과 아내, 아내와 남편의 관계에 대해서 성경이 어떻게 가르치는지 살펴봅시다. 에베소서 5장에 그 내용들이 잘 나와 있는데요, 그 원리들을 요약하면서 설명하겠습니다. 우선 아내들은 교회가 예수님께 복종하고 순종하듯이 남편에게 복종하고 순종해야 한다고 했고, 남편들은 예수님이 교회를 자기 몸처럼 아끼고 사랑하듯이 아내를 자기 몸처럼 아끼고 사랑해야 한다고 했습니다.

그런데 이 구절을 읽고 이런 원리가 남녀의 불평등을 조장한다고 불평하는 사람들이 꽤 많이 있습니다. 하지만 저는 그런 사람들이 성경의 원리를 잘못 이해했다고 생각합니다. 창세기에서 요한계시록에 이르기까지 성경 전체는 남자와 여자가 하나님 앞에서 평등하다고 가르치고 있기 때문입니다. 특히 그리스도 안에서 구속된 남자와 여자는 그리스도께서 동등하게 사랑하시는 그리스도의 지체들입니다.

 그런데 왜 남편에게는 아내를 사랑하라고 명령하신 분이 아내에게는 남편에게 복종하라고 명령하셨을까요? 아내에게 복종하라는 명령을 주신 것은 아내가 남편보다 열등한 존재임을 암시하는 것 아닙니까?

그것은 오해입니다. 남편과 아내가 하나님 앞에서 동등한 것은 절대적인 사실이지만, 이 세상에 사는 동안에는 남편과 아내 사이에 유지되어야 할 질서가 있습니다. 이 질서에 따르면 남편은 아내를 사랑하며 섬기는 리더이며, 아내는 남편의 섬김과 사랑을 받고 남편을 따르는 '팔로워'follower입니다. 남편과 아내가 동등하지 않다는 것이 아니라, 하나님께서 세우신 가정 안에 질서가 있다는 것이죠.

그렇다고 해서 가정에 위계질서나 계급구조가 있다는 말씀은 아닙니다. 가정에는 하나님께서 세우신 순서와 절차가 있을 뿐입니다. 예를 들어, 성경은 성부·성자·성령 이 삼위가 신적 영광과 권위에서 영원히 동등한 분임을 가르칩니다. 동시에 성경은 이 삼위가 함께 교통하고 사역하실 때 어떤 질서에 따라 하심을 가르칩니다. 성부에게는 일의 기원과 계획이, 성자에게는 계획의 성취가, 성령에게는 성취된 계획의 적용이 주어집니다. 즉, 어떤 역할을 감당할 때는 무질서가 아닌 질서를 따라 하십니다. 질서를 따라 교통하시고 일하시는 하나님의 삼위격이 영원히 동등하신 것처럼 남편과 아내도 영원히 동등하지만, 두 사람이 교통하고 일할 때는 하나님께서 부여하신 특정한 질서를 따라 행하게 됩니다. 그래서 남편과 아내가 동등하더라도 남편은 섬기는 리더, 아내는 섬김을 받는 팔로워라는 질서를 지킬 때 가정이 아름다운 모습을 유지할 수 있습니다.

이 원리는 예수님과 교회의 관계에도 적용할 수 있는데, 신랑 되신 예수님은 교회를 섬기며 사랑하시는 리더로, 그리고 신부인 교회는 신랑의 사랑과 섬김을 받는 팔로워로 연합을 이루어 가는 것입니다.

교수님, 저는 부부간의 관계는 별 문제 없이 잘 해 나가고 있는 듯한데, 자녀들과의 사이에서 항상 뭔가 삐걱거리는 느낌입니다. 자녀를 교육하는 원리도 좀 설명을 해 주십시오.

이에 대해서는 에베소서를 보면 잘 나와 있습니다. 에베소서 6장 4절을 읽어 보십시오.

"또 아비들아 너희 자녀를 노엽게 하지 말고 오직 주의 교양과 훈계로 양육하라."

이 말씀에 비추어 볼 때, 부모들은 자녀들이 분을 품지 않게 하는 것이 매우 중요합니다. 아울러 주님의 말씀으로 가르치고, 경계하고, 양육하는 것도 중요하지요. 부모들은 자녀들의 인생의 주인이 하나님이심을 철두철미하게 인식해야 합니다. 많은 부모들이 자녀들의 인생을 통하여 대리 만족을 얻으려고 합니다. 그것은 잘못된 자세입니다. 자녀들을 향하신 하나님의 거룩한 뜻이 이루어지기를 바라고 구하면서 자녀들을 양육할 때 아름다운 열매가 맺어집니다. 자녀들이 부모보다 하나님을 더 사랑하게 하고, 하나님의 명령에 순종하도록 가르치는 것이 우리 그리스도인 부모들의 책임임을 꼭 기억합시다.

성경에는 자녀들이 부모님께 어떻게 대해야 하는지도 나와 있는데, 에베소서 6장 1절에서 3절이 그 핵심 구절입니다.

"자녀들아 너희 부모를 주 안에서 순종하라 이것이 옳으니라 네 아버지와 어머니를 공경하라 이것이 약속 있는 첫 계명이니 이는 네가 잘 되고 땅에서 장수하리라."

자녀들은 주님 안에서 부모님께 순종해야 합니다. 물론 부모님의 뜻이 하나님의 뜻에 어긋난다면 하나님의 뜻에 우선순위를 둬야지요. 하지만 부모님의 뜻이 하나님의 뜻에 배치되지 않는다면 우리는 부모님의 뜻에 순종해야 합니다. 자녀들이 아버지와 어머니를 공경할 때, 그 자녀들이 잘 되고 땅에서 장수하리라고 하셨습니다. 부모 공경은 십계명 가운데 제5계명으로서 인간을 향한 계명 중 첫째 계명입니다. 이것은 하나님께서 자녀들이 부모님을 공경하는 것을 얼마나 중요시하는지 확실히 보여 줍니다.

그리스도인의 경제생활, 어떠해야 할까?

저는 평일에는 사업가로 주일에는 중고등부 부장 선생으로 생활하고 있습니다. 다른 것은 큰 문제가 아닌데 아무래도 사업을 하다 보니 간혹 법적으로 부정직해야 할 때가 있습니다. 대부분 제가 큰 이익을 봐서 뭐하겠나 싶어서 욕심을 접지만, 간혹 갈등할 때도 있습니다. 교수님, 그리스도인의 경제생활은 어떠해야 하는지요? 이 문제는 경영자인 저뿐 아니라 사회생활을 하는 대부분의 그리스도인들이 고민하는 문제가 아닐까 싶은데…….

그렇지요. 이 문제는 방금 질문하신 분뿐만 아니라 모든 그리스도인이 고민하는 부분이라 해도 과언이 아닐 것입니다. 이 문제를 풀어 가기 위해 그리스도인의 경제생활과 관련된 신학적 원리들을 알아보겠습니다.

경제생활과 관련한 신학적 원리로는 '자유와 법치의 원리' '직업소명론' '만직성직론' '청지기 정신'이 있습니다. 먼저 '자유와 법치의 원리'에 대해 알아보겠는데, 이 원리는 에덴동산으로 거슬러 올라갑니다. 하나님께서는 에덴동산에서 하나님 나라의 원리를 자유와 법치로 확립하셨습니다. 즉, 동산에 있는 나무의 열매들을 "네 임의로 먹으라"는 명령에 의해서 자유의 원리가, "선악을 알게 하는 나무의 실과는 먹지 말라. 네가 먹는 날에는 정녕 죽으리라"라는 명령에 의해서 법치의 원리가 확립되었습니다. 자유와 법치의 원리는 하나님의 법을 지키는 한계 내에서 피조물은 자유를 누릴 수 있다는 것이죠.

이 자유와 법치의 원리는 그리스도인들이 수용할 수 있는 경제 체제와 관련하여 중요한 의미가 있습니다. 그러니까 자유와 법치의 원리를 존중하는 자유시장경제 체제가 개인의 자유를 억압하는 사회주의 경제 체제보다 성경의 원리에 가깝다는 말씀입니다. 물론 현대 자본주의 체제도 많은 문제점을 배태하고 있지만 그래도 여전히 자유와 법치를 존중하는 자유시장경제 체제가 우리 그리스도인들이 선호할 수 있는 경제 체제라고 저는 생각합니다.

둘째 원리인 '직업소명론'은 고린도전서 7장 17절에서 19절과 연결됩니다.

"오직 주께서 각 사람에게 나눠 주신 대로 **하나님이 각 사람을 부르신 그대로 행하라** 내가 모든 교회에서 이와 같이 명하노라 할례자로 부르심을 받은 자가 있느냐 무할례자가 되지 말며 무할례자로 부르심을 받은 자가 있느냐 할례를 받지 말라 할례받는 것도 아무것도 아니요 할례받지 아니하는 것도 아무것도 아니로되 오직 하나님의 계명을 지킬 따름이니라."

"하나님이 각 사람을 부르신 그대로 행하라"는 말씀은 하나님께서 각 사람에게 소명calling을 주셨으며 그 소명은 하나님이 정해 주시는 것이기 때문에 절대적인 의미가 있음을 말하고 있습니다. 그러므로 그리스도인들이 농부의 소명을 받았든, 기업가의 소명을 받았든, 교사의 소명을 받았든 간에 그 처한 자리가 바로 하나님께서 주신 소명의 자리입니다. 이 직업소명론은 만인제사장론과 연계되어 셋째 원리인 '만직성직론'으로 확대될 수 있습니다.

베드로전서 2장 9절에 보면, 우리 모든 그리스도인은 하나님 앞에서 "왕 같은 제사장"이라고 합니다. 이 말은 신부나 수녀 또는 목회자와 같은 전임 사역자들만이 제사장이 아니라 자신의 직업을 소명으로 믿고 그 직업의 자리에서 하나님의 영광과 이웃의 유익을 위해 살아가는 모든 그리스도인이 영적인 제사장이 되었다는 뜻입니다. 이 말씀을 좀더 진전시키면, 모든 그리스도인이 하나님 앞에서 거룩한 제사장이기 때문에 그들이 하나님께 받은 모든 직업이 곧 성직이라는 뜻입니다. 따라서 목회자나 교사, 농부, 노동자, 상인 등 모든 직업이 하나님 앞에서는 동등한 가치가 있는 성직이요 천직이 되는 것입니다.

마지막으로 넷째 원리인 '청지기 정신'에 대해 말씀드리겠습니다. 청지기 정신의 근거 구절은 누가복음 12장 42, 43절입니다.

"주께서 가라사대 지혜 있고 진실한 **청지기**가 되어 주인에게 그 집 종들을 맡아 때를 따라 양식을 나누어 줄 자가 누구냐 주인이 이를 때에 그 종의 이렇게 하는 것을 보면 그 종이 복이 있으리로다."

여기서 "청지기"는 영어로 'steward'인데, 주인의 종으로서 주인이 임무를 맡긴 자를 의미합니다. 디도서 1장 7절을 보면, 교회의 감독 즉 목회자도 하나님의 청지기라고 말하고 있습니다. 고린도전서 4장 1, 2절에는 맡은 자, 즉 청지기들에게 구할 것은 충성이라고 합니다. 여러 말씀에 비추어 볼 때, 하나님의 청지기란 결국 하나님의 일과 소유를 맡은 종이라는 뜻입니다. 하나님께서 아담과 하와를 창조하셔서 에덴동산을 다스리며 지키게 하신 것은 결국 만물의 소유주이신 하나님께서 아담과 하와를 그분의 청지기로 삼으셨음을 의미합니다. 그것은 현대 경영 현장에서 볼 수 있는 소유주와 경영주의 관계로도 설명할 수 있지요. 경영주는 반드시 소유주의 뜻을 받들어 맡은 것을 잘 관리해야 할 책임을 부여받으니까요.

이 청지기 정신은 우리 삶의 모든 영역에 적용됩니다. 우리에게 주신 생명, 칠팔십의 인생, 건강, 재물, 지식, 노동력, 천연자원 등 모든 것의 참된 소유주는 하나님이시며, 다만 우리는 하나님께 이러한 것들을 받아 잘 관리해서 하나님을 위해 사용하고 다른 사람들의 유익을 위해 봉사해야 한다는 것, 바로 그것이 청지기 정신의 핵심입니다. 따라서 우리가 우리의 시간을 낭비하거나 에너지를 허비하거나 천연자원을 고갈시키고 자연환경을 훼손하는 것은 결국 하나님 앞에서 청지기직을 바르게 감당하지 못한 것이 됩니다.

요즘 어떤 사람들은 기독교의 창조사상이 환경오염의 주범이라는 주장을 펼칩니다. 그러나 그렇지 않습니다. 오히려 기독교가 가르치는 청지기 정신을 온 인류가 바르게 실천한다면 환경오염 문제를 해결할 수 있습니다.

재물의 십일조를 헌금으로 드리거나 재정을 성경의 원칙에 따라 사용하는 것도 결국은 하나님 앞에서 청지기 정신을 실천하는 것입니다. 그리고 더욱 근본적인 것은 우리 그리스도인들 모두가 하나님의 청지기로서 정직한 삶을 살아야 한다는 것입니다. 정직은 거룩함의 뿌리에서 나오는 열매입니다.

그리스도인의 역사의식, 어떠해야 할까?

 저는 그리스도인의 정치 참여, 역사 참여에 대해서 알고 싶습니다. 그동안 그리스도인으로서 정치에 참여하지 않는 게 좋은 거라고 생각해 왔는데, 요즘 회의가 듭니다. 대학생으로서 선교회 활동만 하고 정치·역사에 대해 너무 소홀히 한 게 아닌가 싶기도 하고……

젊은이라면 당연히 가져야 할 질문입니다. 이 질문은 역사의식이라는 큰 주제 안에서 살펴볼 수 있습니다. 우선 역사의식이라는 큰 범주에는 여러 작은 범주들이 포함됩니다. 그리스도인의 국가관, 민족관, 정치관 그리고 특별히 대한민국 그리스도인들에게는 통일관도 포함됩니다. 우선 그리스도인들이 가져야 할 민족관과 국가관에 대해서 말씀드리겠습니다.

민족관을 말씀드리면, 모든 그리스도인은 자신이 어떤 민족의 일원으로 태어난 것이 우연의 사건이 아니라 하나님의 치밀하신 계획과 섭리를 따라 된 것임을 믿고 소중히 여겨야 합니다. 그러니까 저나 여기 계신 분들이나 모두 황인종에 속하는 '코리안'^{Korean}으로 태어났다는 것 자체가 하나님의 깊은 목적이 담긴 사건임을 인정하고 소중히 여겨야겠습니다. 왜냐하면 이 땅에 태어나는 어느 누구도 자신의 인종이나 민족을 선택할 수 없기 때문입니다.

그리스도인이 가져야 할 국가관도 민족관과 비슷합니다. 다민족 국가도 있습니다만, 현대 국가들은 대부분 민족을 단위로 하는 민족 국가입니다. 우리가 '코리안'으로 태어나서 '코리아'라는 국가의 시민이 되었다는 것 역시 우리의 선택의 결과라기보다는 하나님의 주권적인 결정이라고 보아야 합니다. 그렇기 때문에 우리가 속한 국가에 대해서 소중히 여기고 그 국가를 사랑하는 것은 하나님의 뜻에 순종하는 것이죠.

성경에 나오는 대표적인 실례는 모세와 바울입니다. 모세와 바울은 자신들의 이름이 생명책에서 지워지는 한이 있더라도 하나님께서 자신의 민족과 국가를 보호해 주시기를 간구했습니다. 우리 모든 그리스도인은 국가와 민족을 사랑하는 사람들이 되어야 합니다.

조금 전에 그리스도인의 경제생활에 대해서 대화를 나누면서도 언급한 이야기지만, 최근 한국 사회에 체제 논쟁이 좀 있었지 않습니까? 이런 체제 논쟁과 관련해서 그리스도인들은 어떤 역사의식을 소유해야 할까요? 먼저 우리가 기억해야 할 것은 하나님의 나라는 민주정치가 아니라 왕정 체제라는 점입니다. 즉, 하나님께서 우리 모두의 왕이시라는 것이죠. 그러나 하나님의 나라가 왕정일지라도 하나님의 나라가 세워지는 헌법적 원리들을 살펴보면, 자유민주주의에서 볼 수 있는 자유와 법치와 인권 존중 등의 원리가 있습니다. 이 말은 곧 자유와 법치와 인권 존중을 중요한 정치 원리로 삼는 자유민주 체제가 하나님 나라에 근접한 체제라는 말씀입니다.

이 세상의 어느 정치 체제도 하나님 나라를 실현할 수 없습니다. 그러나 하나님 나라에 가까이 나아갈 수는 있습니다. 저는 그런 정치 체제가 바로 자유민주 체제라고 확신합니다. 왜냐하면 자유민주 체제 속에서만 개인의 자유와 법치와 인권 존중의 원리들이 실현될 수 있다고 보기 때문입니다.

그렇다고 자유민주 체제에는 아무런 문제도 없다는 말은 아닙니다. 이 역시도 인간의 체제, 전적으로 타락한 사람들의 체제이기에 근본적인 문제를 배태할 수밖에 없습니다. 하지만 자유민주 체제가 상대적으로 하나님 나라에 가깝다고 믿습니다. 독재 왕정이나 공산주의나 군부 독재 등의 체제 속에서는 하나님 나라의 원리인 자유, 법치, 인권 존중이 설 자리가 없으니까요.

이런 맥락에서 볼 때, 우리 한반도의 통일도 자유민주 체제로의 통일이어야 합니다. 공산주의 일당독재 체제에 놓인 북한이 자유민주 체제로 전환하기란 쉽지 않을 것입니다. 지난 50여 년 동안 북한 주민들은 공산주의 일당 독재하에서 자유를 상실하고, 인권을 짓밟히고, 경제적인 파탄과 굶주림 속에 허덕여 왔습니다. 그들에게 빵을 주고 쌀을 주는 것과 동시에 우리 그리스도인들은 자유와 법치와 인권을 존중하는 하나님 나라 정신을 심어 주어야 합니다.

일부 그룹에서는 대한민국의 역사도 북한의 역사와 별로 다를 것이 없다, 더 나아가 북한의 역사보다 못하다는 역사의식을 가지고 있는데, 저는 이와는 좀 다르게 생각합니다. 물론 남한에서도 오랜 군부 독재하에서 인권이 유린되고, 법치가 무너지고, 자유가 몰수되는 일들이 있었습니다. 그것을 부인할 수 없지요. 하지만 그럼에도 불구하고 대한민국은 자유민주 체제와 자유시장경제 체제를 받아들이고 부족하나마 그 체제를 매개로 선진 대한민국을 건설하려고 노력해 왔다는 사실을 잊어서는 안 됩니다. 바로 그 사실에 대한민국의 정통성이 있습니다.

 그런데 교수님! 로마서 13장에서는 그리스도인은 국가 권세에 굴복하라고 가르치고 있지 않습니까? 이런 가르침을 볼 때, 그리스도인의 정치 참여는 사실 많이 제약되어 있는 게 아닌가 싶습니다.

과거 군부독재 시절, 교회가 반정부 투쟁을 하려고 할 때 로마서 13장의 내용이 족쇄 역할을 했습니다. 하지만 여기서 꼭 짚고 넘어가야 할 사항은, 로마서 13장은 국가 권세, 즉 정부가 상대적으로 바른 권력을 행사하는 맥락에서 주어진 교훈이라는 사실입니다. 그러므로 정부가 국민에게 하나님의 법에 배치되는 요구를 할 때는, 우리는 더 상위의 법인 하나님의 법을 지키기 위해서 하위의 법인 정부의 법과 정책에 저항할 수 있습니다. 물론 그 저항의 방법은 어디까지나 비폭력적이어야 합니다. 아무리 좋은 일이라도 폭력을 수단으로 성취한다면 그 일의 정당성은 사라집니다. 그리고 자유민주 사회에서 그리스도인들은 활발한 정치 참여를 통해서 하나님 나라의 원리가 이 세상과 사회 속에 조금이나마 더 폭넓게 수용되고 실현될 수 있도록 노력할 수 있습니다. 예를 들면, 기독교 NGO 단체나 기독교 언론 등이 좋은 통로가 되겠지요. 최근 한국 교회를 중심으로, 한국 정치와 사회 속에서 하나님 나라의 원리들을 실현하고자 하는 대의를 품고 여러 단체들이 태동된 것으로 압니다.

그리스도인의 문화생활, 어떠해야 할까?

 21세기 탈현대 시대에 문화는 매우 중요한 화두가 되고 있습니다. 문화를 어떻게 정의하느냐에 관계없이 분명한 것은 모든 사람이 각자가 속한 문화권에 엄청난 영향을 받으며 살아가고 있다는 점입니다. 교수님, 일반 세상 문화에 대한 그리스도인들의 바른 자세는 무엇입니까?

일단 원리적으로 우리는 세상 문화 요소들 중에서 하나님 나라의 원리 또는 하나님의 법에 배치되지 않는 요소와 배치되는 요소를 구별할 수 있는 문화관을 정립해야 합니다. 세속 문화의 많은 영역들이 하나님 나라에 배치된다고 생각해서 세상 문화를 전혀 고려하지 않는 분들도 있는데, 문화 창조와 보존의 과정에서 역사하시는 성령님의 일반 은총을 고려할 때 우리는 일반 세속문화 속에서도 하나님 나라의 원리에 일치하는 부분을 작게나마 찾을 수 있습니다.

이에 대한 증거로는 로마서 12장 1, 2절을 핵심 구절로 꼽을 수 있습니다.

"그러므로 형제들아 내가 하나님의 모든 자비하심으로 너희를 권하노니 너희 몸을 하나님이 기뻐하시는 거룩한 산 제사로 드리라 이는 너희의 드릴 영적 예배니라 너희는 **이 세대**를 본받지 말고 오직 마음을 새롭게 함으로 변화를 받아 하나님의 선하시고 기뻐하시고 온전하신 뜻이 무엇인지 분별하도록 하라."

여기서 말하는 "이 세대"는 하나님을 배반한 죄악의 문화와 풍속을 의미합니다. 그러니까 죄악의 문화와 풍속을 본받지 말고 하나님의 뜻을 분별하며 사는 자세가 필요하다는 말씀입니다. 문화의 영역은 크게 정치, 경제, 교육, 예술, 매스미디어 등으로 나눌 수 있는데, 앞에서 정치와 경제 부문은 다루었으므로 예술과 매스미디어 쪽에 중점을 두어 설명하겠습니다.

우선 예술 영역에서 그리스도인들은 어떤 자세를 취해야 할까요? 성경은 아담과 하와가 타락한 후에 이루어진 대부분의 인간 예술 활동이 하나님을 상실한 사람들이 자신을 즐겁게 하기 위해서 만들어 낸 것이라고 말합니다. 하지만 예술 창조의 속성은 하나님께서 사람에게 주신 하나님의 형상에 속한 부분임을 기억해야 합니다. 다시 말하면, 예술 창조가 하나님의 영광을 위한 것이어야 하는데 인간의 이기적인 욕망을 위해 왜곡되어 왔다는 말씀이죠. 따라서 우리는 일반 사람들의 예술 행위를 바라볼 때 하나님과 일치되는 부분과 그렇지 않은 부분을 잘 분별하는 눈을 가져야 하며 하나님의 영광을 위해 예술을 '구속' redemption 하는 사람들이 되어야 합니다. 즉, 예술의 본래 자리와 의미와 목적을 회복하는 예술 행위를 해야 합니다. 그러므로 하나님을 대적하는 퇴폐적이고 파괴적인 예술 행위는 정죄되어야 마땅합니다. 특히, 공연 예술 영역의 많은 부분들이 하나님을 대적하는 요소들로 가득 차 있음을 보게 되는데, 이런 부분들에 대한 적절한 분별력이 대단히 중요합니다.

그리고 매스미디어, 특히 안방을 지배하고 있는 텔레비전은 그리스도인들에게 직접적인 영향을 주기 때문에 신중한 접근이 필요합니다. 요즘 텔레비전 프로그램들에는 황당하고 낯 뜨겁게 하는 영상들이 많이 보이는데, 미국만 그런 것이 아니라 한국의 방송 문화도 엄청나게 세속화되고 상업화되고 비도덕화되어 있는 줄로 압니다. 그렇다면 이런 상황에서 우리 그리스도인들은 어떻게 살아야 할까요?

이 역시 분별력이 가장 중요합니다. 무조건 텔레비전을 보지 않는 것이 최선의 선택이라고 보기는 어렵습니다. 개개인 그리스도인들이 최대한의 분별력을 길러야 하고, 특히 자녀들이 있는 그리스도인들은 자녀들이 분별력을 기를 수 있도록 잘 가르쳐야 합니다. 또 많은 그리스도인들이 텔레비전 프로그램을 만드는 제작국에 들어가 제작 문화를 바꾸도록 유도해 나가는 것도 좋은 방법이라고 생각합니다. 바른 분별력만 있으면 어떤 상황에서도 해악에 노출되지 않을 수 있습니다.

다른 면에서도 그렇지만 특히 문화와 관련해서는 분별력이 가장 중요합니다. 영화를 대할 때도 무조건 영화를 보지 않겠다는 자세보다는 분별력을 가지고 보는 게 중요합니다. 예를 들어, 멜 깁슨이 제작한 〈그리스도의 수난〉, 윌리엄 와일러의 〈벤허〉, 세실 드밀의 〈십계〉 같은 영화는 보지 않는 것보다는 보는 것이 유익하니까요.

그렇다고 반드시 우리가 봐야 할 영화 장르가 선교 영화여야 한다는 말은 아닙니다. 비록 기독교 영화가 아니더라도 삶과 죽음에 대해서 진지하게 고민하게 해 주는 영화라면 그리스도인들에게도 많은 도움이 되리라고 생각합니다.

교수님, 결국 중요한 것은 우리가 영화를 왜 보는가 하는 점일 텐데요, 우리 그리스도인들이 영화를 본다면 그것 역시 하나님의 영광을 위한 것이어야 하고 다른 사람의 유익을 위한 것이어야 하지 않나요?

그렇지요. 단순히 나 혼자만 즐기기 위한, 오락을 위한 영화가 아니라 영화 한 편을 감상한 후에 우리가 다른 사람의 유익을 위해서 더 열심히 살 수 있는 동기를 부여받을 수 있다면 그야말로 소중한 시간이 된 것이죠. 저는 우리 그리스도인들 가운데 많은 사람들이 영화 제작에 참여해서 사람들에게 진지한 질문을 던지게 하고, 더 나아가서는 예수 그리스도께 돌아오게 하는 좋은 영화를 만들었으면 합니다.

정 교수의 **특강 정리 노트**

● **중요 용어**

하나님 나라의 헌법적 원리　　　창세기 2장 16, 17절은 하나님의 권위에 대한 순종과 복종의 한계 내에서 사람이 자유를 누리는 것이 하나님 나라의 헌법적 원리임을 보여 준다. 그러나 한계를 넘어서 자유를 행사할 때 그에 대한 응분의 책임을 지는 것 역시 헌법적 원리로 제시하고 있다.

자유민주주의 체제free democratic system　　　폐쇄 체제나 독재 체제나 왕정 체제에 반대되는 정치 체제로서 개인의 자유, 법치, 인권 존중, 기회의 평등, 국민 주권 등을 중심 원리로 한다. 서유럽과 북미 선진국들의 정치 체제이며, 성경에 나타나는 하나님 나라의 원리에 가장 근접한 체제이다.

자유시장경제 체제free market system　　　경제 주체에 대한 정부의 통제와 간섭을 강조하는 사회주의 체제에 반대되는 경제 체제로서 개인의 자유와 시장의 자율성 등을 중심 원리로 한다.

역사의식historical consciousness　　　과거의 역사에 대한 깊은 통찰을 바탕으로 현재 우리가 처한 상황을 바르게 이해하고 미래에 나아가야 할 방향과 목표가 무엇인지 지각하는 의식.

1. 그리스도인의 윤리적인 삶의 목표는 무엇이고, 그것을 가능하게
   하는 능력은 무엇일까요?
2. 그리스도인의 가정생활을 하나님의 말씀의 반석 위에 세우기 위
   한 방법적 실례들을 이야기해 봅시다.
3. 사업을 통한 이윤 획득에 대한 성경적인 관점에는 어떤 것들이
   있을까요?
4. 한국 사회에서 그리스도인들이 가져야 할 바른 역사의식은 어떤
   모습일까요?
5. 예술과 문화의 영역을 좀더 밝게 변화시키기 위해서 그리스도인
   들이 할 수 있는 일에는 어떤 것들이 있을까요?

인생과 역사의 종말에 대하여

특강 9

오늘은 조직신학 분야에서 사람의 죽음과 역사의 마지막을 다루는 종말론에 대해 강의하고자 합니다. 2004년 12월에 동아시아 해역에서 일어난 쓰나미 해일 사건은 많은 사람들에게 역사의 종말이 다가오고 있는 것 아니냐는 두려움을 안겨 주었습니다. 물론 우리 그리스도인들에게 역사의 종말은 우리가 고대하고 있는 주님의 재림과 맞물려 있기 때문에 막연하게 두려워해야 할 것은 아닙니다. 이제 종말론 강의를 시작해 보겠습니다.

죽음, 어떻게 이해해야 할까?

종말론은 크게 두 부분으로 나뉩니다. 인생의 마지막과 그 이후를 다루는 '개인적 종말론' 그리고 역사의 마지막과 그 이후를 다루는 '역사적 종말론'이죠. 우선 개인적 종말론 먼저 살펴보겠습니다. 죽음 혹은 사망에도 세 가지 종류가 있습니다. 첫째는 '생물학적 죽음'biological death으로서 영혼과 육체가 분리될 때 일어나는 죽음, 곧 사람들이 일반적으로 말하는 죽음입니다. 둘째는 '영적 죽음'spiritual death으로서 영혼과 육체가 결합되어 있지만 영혼은 죽어 있는 상태입니다. 영혼이 죄와 허물로 죽어서 하나님과의 관계가 단절된 상태에서 사는 죄인들이 바로 영적 죽음의 상태에 처해 있습니다. 다시 말해, 생물학적으로는 살아 있다고 해도 영적으로는 죽은 상태에 있기 때문에 하나님과 무관하게 살아가는 상태를 말합니다. 셋째는 '영원한 죽음'eternal death입니다. 그것은 육신이 한 번 죽었다가 부활한 상태에서 영원한 지옥 혹은 불못에서 영원히 형벌을 받는 상태를 말합니다. 요한계시록은 이것을 '둘째 사망'이라고 부릅니다.

이 세 가지 개념을 이해한 뒤에는 생물학적 죽음의 신학적 의미를 알아야 합니다. 이는 그리스도인과 비그리스도인 사이에 엄청난 차이를 낳습니다. 비그리스도인에게 죽음은 영원한 죽음으로 들어가는 첫 관문입니다. 그러므로 어떻게 보면 비그리스도인에게는 이 땅에서의 삶이 죽음이나 죽음 이후의 영원한 죽음보다도 훨씬 나은 상태인 것이죠. 비그리스도인에게 죽음은 더 무서운 죽음을 향한 첫발이며 마냥 두렵고 무섭고 공포스러운 것입니다.

하지만 그리스도인들에게 죽음은 더 고차원적인 극치의 생명, 즉 영원한 생명, 영원한 삶으로 향하는 관문입니다. 다시 말하면 영생을 향한 첫걸음이지요. 그렇기에 그리스도인들은 다가오는 생물학적 죽음의 두려움이나 공포로부터 완전히 해방되는 것입니다. 왜냐하면 죽음은 하나님과 함께 영원히 사는 삶으로 나아가는 통과의례에 불과하니까요. 그리스도인들에게 죽음은 예수님의 십자가와 부활로 생물학적 죽음이 가지고 있던 죽음의 "쏘는 것"^{고전 15:55}, 즉 아픔과 공포가 사라지고 훨씬 더 나은 삶을 향한 첫걸음이 되기 때문에 감사와 기쁨과 환희의 순간이 될 수 있습니다.

이 말을 듣고 죽음을 너무 미화하는 게 아닌지 의문을 품는 분도 있겠지만, 성경의 가르침을 그대로 설명하는 겁니다. 성경은 하나님께서 성도의 죽음을 기뻐하신다고 말하고 있습니다. 그러므로 비그리스도인들에게는 죽음이 원수일 수밖에 없지만 그리스도인들에게는 기쁨과 감사의 순간입니다.

우리는 성경에서 죽음을 초월한 신앙인들을 여럿 만날 수 있는데, 그중 사도 바울이 대표적입니다. 바울은 빌립보서 1장 20,21절에서 이렇게 말했습니다.

"나의 간절한 기대와 소망을 따라 아무 일에든지 부끄럽지 아니하고 오직 전과 같이 이제도 온전히 담대하여 살든지 죽든지 내 몸에서 그리스도가 존귀히 되게 하려 하나니 이는 내게 사는 것이 그리스도니 죽는 것도 유익함이니라."

사도 바울은 이 구절에서 삶과 죽음을 초월하는 참 신앙의 본을 보여주고 있습니다. 우리 그리스도인들은 죽음의 공포와 두려움을 극복한 사람들입니다. 그래서 죽기까지 예수님을 위해 살 수 있고, 끝내는 목숨까지도 용기 있게 하나님의 나라를 위해 내어놓을 수 있는 사람들이 된 것입니다.

죽음 이후의 중간 상태는 어떤 모습일까?

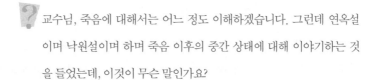 교수님, 죽음에 대해서는 어느 정도 이해하겠습니다. 그런데 연옥설
이며 낙원설이며 하며 죽음 이후의 중간 상태에 대해 이야기하는 것
을 들었는데, 이것이 무슨 말인가요?

아주 어려운 질문을 제기하셨네요? 성경이 어느 정도 이 주제
에 대해서 가르치긴 하지만 신학적으로 뜨거운 논쟁이 되어 왔습니다.
일단 죽음 이후의 중간 상태를 이해하는 세 가지 관점을 이야기하겠습
니다.

먼저 '영혼수면설'이 있습니다. 성경을 읽어 보면, 예수님께서 죽은
자들을 잔다고 하기도 하셨고, 사도 바울도 죽은 자들을 자는 자들이라
고 표현했습니다. 그래서 일부 신학자들은 영혼과 육체가 분리되는 죽
음 이후 육체는 썩어져 부활을 기다리지만, 영혼은 잠든 상태에서 부활
을 기다린다고 주장합니다.

둘째 관점은 로마 가톨릭교회에서 주장하는 '연옥설'입니다. 천국과
지옥의 중간에 연옥이라는 곳이 있어서 죽은 사람들이 대부분 연옥에
가서 그곳에서 부활을 기다린다는 주장입니다. 심지어 어떤 사람들은
죄인의 상태로 연옥에 왔다가 그곳에서 징계와 연단을 받은 뒤에 부활
하여 천국에 간다고도 주장합니다. 성경이 증거하는 내용이라기보다는
외경 가운데 일부가 연옥에 대한 가르침을 담고 있지요.

셋째 관점은 전통적인 복음주의 견해인 '낙원설'입니다. 즉, 죽음 이
후에 그리스도인들의 영혼은 즉시로 예수님과 함께 낙원에서 살면서 부
활을 기다리는 반면, 비그리스도인들은 지옥에서 그들의 육신의 부활을

기다린다는 것입니다. 저는 이 관점을 수용하는 편이지만, 그리스도인들이 죽은 후에 경험하는 낙원이 부활한 후에 들어가는 영원한 천국과 같은 것인지 아닌지에는 많은 논란이 있습니다. 그리고 비그리스도인들이 죽은 후에 가는 지옥이 부활 후에 들어갈 영원한 불못과 같은 것이냐 아니냐를 놓고도 논쟁을 하고 있습니다.

제 생각에는 그리스도인들이 죽은 후에 들어가는 낙원에 예수님이 계신다고 하셨으므로, 그 낙원과 부활한 후에 들어갈 천국은 결국 같은 것이 아닌가 싶습니다. 다만 환희와 기쁨을 경험하는 정도가 좀 다르겠지요. 낙원이든 천국이든 결국 예수님이 우리와 함께 계신 곳이기에 크게 다르지 않으리라 봅니다. 성경은 불신자들이 들어갈 지옥은 '하데스'^{hades} 즉 '음부'라고, 부활 후에 들어갈 불못은 '게헨나' ^{Gehenna} 즉 '불이 꺼지지 않는 곳'^{막 9:34-38}이라고 표현하고 있는 듯합니다.

이제 예수님의 재림과 역사의 종말에 대해서 설명하겠습니다.

재림의 징조와 모습

여러분은 지난 1992년에 다미선교회를 중심으로 일어난 종말론 운동에 대해서 들어본 적이 있을 것입니다. 그들은 그 해 10월 28일 예수님이 재림한다고 소동을 벌였지요. 사실 이 단체뿐 아니라 많은 사이비와 이단 종파들에서 예수님의 재림 시기를 정확하게 예언하려는 어리석은 시도를 많이 해 왔습니다. 우리가 잘 아는 여호와의증인도 몇 차례 예언을 했다가 실패했고, 통일교의 문선명 교주는 여전히 자신이 '재림주' ^{再臨主}라고 주장하지요. 그 밖에도 다양한 이단 종파의 지도자들이 자신을 재림주로 가르쳐 왔습니다.

그러나 성경은 무엇이라고 말합니까? 성경은 분명히 예수님의 재림 시기에 대해서는 아무도 모르고 단지 하나님 아버지만 아신다고 하셨습니다. 심지어는 예수님 자신도 모른다고 말씀하셨습니다. 오직 아버지만이 아시는 일이니 우리가 그 시기를 예언하고 맞추려고 하는 것 자체가 어떤 의미에서는 하나님 아버지의 권한에 대한 도전이 됩니다.

다만 우리가 알 수 있는 것은 재림이 가깝다는 것을 알려 주는 징조들뿐입니다. 이에 대해서는 마태복음 24장 1절에서 14절에 자세히 나와 있지요. 재림이 가까워지면 많은 사람들이 예수님의 이름으로 와서 자신이 그리스도라고 하면서 사람들을 미혹합니다. 그리고 난리와 난리 소문을 듣게 될 것이고, 민족이 민족을, 나라가 나라를 대적하여 일어납니다. 또 처처에 기근과 지진이 있습니다. 이어서 그리스도인들에 대한 핍박이 있겠고, 거짓 선지자들이 많이 일어나고, 불법이 성하므로 많은 사람의 사랑이 식습니다. 그리고 주님께서 언급하신 마지막 징조는 천국 복음이 모든 민족에게 증거되기 위하여 온 세상에 전파되는 것인데, 그때에야 비로소 끝이 올 것이라고 말씀하십니다. 성경번역선교회에서 일하는 어떤 분이 말씀하기를, 모든 종족의 언어로 성경이 번역되는 데 대략 20년에서 30년 정도 걸릴 것으로 예측한답니다. 이것이 사실이라면 예수님의 재림이 정말 가까워 왔다는 이야기입니다.

마태복음 24장 15절 이하에는, 예수님이 오시기 직전에 큰 환난이 있을 것이며 이 환난 후에야 마침내 예수님께서 재림하신다고 기록되어 있습니다. 성경은 그 대환난기에 적그리스도가 등장해서 온 지구촌을 지배하고, 하나님을 대적하는 일을 감행할 것이라고 가르치며, 이 시기는 대략 7년 정도가 될 것이라고 말합니다.

이제 예수님의 재림의 모습에 대해서 살펴보겠습니다. 우선 예수님은 인성을 입으신 그대로 다시 오실 것입니다. 물론 이때의 인성은 부활하신 인성이겠지요. 그리고 주님은 모든 사람이 볼 수 있게 재림하실 것입니다. 그 재림은 영광스러운 승리의 재림이지만, 믿지 않는 사람들에게는 공포와 두려움이 될 것입니다. 그리고 주님께서 부활하신 후 하늘로 올라가실 때 구름을 타고 가신 것처럼, 구름을 타고 재림하실 것입니다.

휴거에 대한 질문인데요, 데살로니가전서 4장 17절을 근거로 예수님이 지상에 재림하시기 직전에 공중에 재림하시고, 성도들이 구름 속으로 끌어 올려지게 됨으로 대환난을 피한다고 주장하는 걸 들었는데 이게 무슨 말인지요?

저는 성도들이 대환난을 피하도록 하는 휴거가 성경의 가르침이라고 보지 않습니다. 오히려 데살로니가전서 4장 17절은 예수님의 지상 재림 때 일어날 일을 묘사하고 있습니다. 예수님이 재림하실 때 지상에 있는 성도들이 변화되어 공중에서 주를 영접하고 주와 함께 이 땅에 임하게 될 것입니다. 따라서 공중재림이 한 번 있은 후 다시 최종 재림이 있다는 일부 신학자들의 주장은 동의하기가 어렵습니다. 저는 공중재림과 휴거는 성경적인 가르침이 아니라고 봅니다.

재림의 결과

이제 우리는 재림의 결과를 생각해 볼 수 있는데, 재림의 결과에는 죽은 자의 부활과 천년왕국과 최후의 심판 등이 포함됩니다. 부활에도 1차 부활이 있고 2차 부활이 있는데, 예수님이 재림하실 때는 예수를 증거하고 하나님의 말씀을 인하여 목 베임을 받은 자, 즉 순교자들이 부활하여 천년왕국의 통치에 참여하게 됩니다. 이어서 천년왕국이 지나고 나면 이 세상에 살았던 모든 사람이 부활하게 되지요. 그러니까 예수님을 믿는 자들은 '의와 생명의 부활'을, 예수님을 믿지 않는 자들은 '사망의 부활'을 경험하는 것이죠.

종말론에 관심 있다고 하는 사람들 중에 천년왕국에 대한 말들을 많이 하는데요, 전 도무지 무엇을 말하는지 모르겠습니다.

천년왕국에 대한 가르침은 요한계시록 20장 4절에서 6절에 나옵니다.

"또 내가 보좌들을 보니 거기 앉은 자들이 있어 심판하는 권세를 받았더라 또 내가 보니 예수의 증거와 하나님의 말씀을 인하여 목 베임을 받은 자의 영혼들과 또 짐승과 그의 우상에게 경배하지도 아니하고 이마와 손에 그의 표를 받지도 아니한 자들이 살아서 그리스도로 더불어 천년 동안 왕노릇 하니 (그 나머지 죽은 자들은 그 천 년이 차기까지 살지 못하더라) 이는 첫째 부활이라 이 첫째 부활에 참예하는 자들은 복이 있고 거룩하도다 둘째 사망이 그들을 다스리는 권세가 없고 도리어 그들이 하나님과 그리스도의 제사장이 되어 천 년 동안 그리스도로 더불어 왕노릇 하리라."

대체로 이 구절을 역사적이고 문법적인 의미로 해석하지 않고 상징적으로 해석함으로써 천년왕국에 대한 오해를 낳고 있습니다. 천년왕국에 대해서는 무천년설amillennialism, 후천년설post-millennialism, 전천년설premillennialism로 이야기합니다. '무천년설'은 천년왕국이 실제로 존재하는 것이 아니라 예수님 초림 때부터 재림 때까지의 교회 시대를 상징한다는 내용입니다. 조금 문제가 있는 주장이 아닌가 싶은데, 어거스틴이나 칼빈과 같은 위대한 신학자들이 이 견해를 주창했기 때문에 지금도 많은 사람들이 무천년설을 받아들이고 있습니다.

'후천년설'은 인류의 역사가 진보하고 교회가 팽창해서 예수님 오시기 직전에 천년 동안의 평화로운 기간, 즉 천년왕국이 있게 된 후에 예수님이 재림하신다는 내용입니다. 미국 최대의 신학자 조나단 에드워즈가 이 견해를 주창했지요. 그런데 성경은 명백하게 예수님이 재림하신 후에 천년왕국이 세워진다고 가르치고 있습니다.

마지막으로 '전천년설'은 예수님이 천년왕국이 세워지기 전에 재림하신다는 견해입니다. 저는 기본적으로 이 견해에 동의합니다. 그런데 여기서 한 가지 알아 둘 것은, 전천년설에도 두 가지 관점이 있다는 사실입니다. 이는 세대주의적 전천년설dispensational pre-millennialism과 역사적 전천년설historical pre-millennialism입니다.

세대주의적 전천년설은 대환난기 이전이나 중간에 교회는 휴거되어 세상에서 사라지고, 오직 유대인들과 불신자들만 대환난을 거친다는 관점입니다. 그리고 역사적 전천년설은 교회의 휴거를 받아들이지 않고, 교회와 유대인을 포함한 모든 사람이 대환난을 거치며 교회는 대환난 후에 예수님의 재림과 함께 천년왕국을 경험하게 된다는 견해입니다.

저는 이 두 견해 중에서도 역사적 전천년설을 받아들이고 있습니다. 세대주의적 전천년설에서 말하는, 교회가 휴거된다는 내용은 성경에서 찾아보기 어렵기 때문이죠. 그런 면에서 역사적 전천년설은 성경적인 견해입니다. 이 견해를 지지해 주는 성경구절은 계시록에 많이 나옵니다. 특히 요한계시록 13장 10절은 "……성도들의 인내와 믿음이 여기 있느니라"라고 말합니다. 이 구절은 적그리스도가 교회와 성도들을 핍박하게 된다는 예언의 맥락에서 주어졌습니다. 따라서 교회는 휴거되어 환난을 피하게 되는 것이 아니라, 환난 속에서 보호를 받고 환난을 믿음으로 이기게 됩니다.

이제 여러분에게 좀 생소한 내용이지만 꼭 알아 두어야 할 '최후의 백 보좌 심판'에 대해서 설명하겠습니다. 천년 동안 사탄은 결박되어 무저갱에 가둬지게 됩니다. 천년이 지난 후에 사탄은 한 번 놓이게 되는데, 그는 곡과 마곡에서 하나님과의 전쟁을 벌이다가 패배하여 불못에 던져집니다. 그 후에 모든 죽은 사람들이 부활하여 흰 보좌에 앉으신 그리스도 앞에서 그들의 행위를 따라 심판을 받습니다. 생명책에 기록되지 않은 사람은 모두 심판을 받고 불못에 던져져서 둘째 사망의 형벌을 받게 됩니다. 마지막에는 사망과 음부도 불못에 던져지게 되지요.

여기에서 우리는 중요한 심판의 원리를 생각해 볼 수 있습니다. 예수님께서 인간의 최후심판을 행하실 때, 두 종류의 책을 펴놓습니다. 하나는 '생명책'이고 다른 하나는 '행위의 책'들입니다. 생명책은 예수님을 믿어 하나님의 자녀가 된 사람들의 이름이 기록된 책인 반면, 행위의 책들은 예수님을 믿지 않는 사람들의 죄 된 행위들을 기록한 책입니다. 결국 최종 심판의 기준은 예수님을 믿어 생명을 얻었느냐 아니냐는 것입니다. 예수님을 믿어 생명을 얻지 못한 사람은 모두 불못에서 영원한 형벌을 받습니다. 이것을 우리가 성경을 통해서 알게 되었기에, 우리는 복음을 전하는 일에 총력을 기울여야 합니다.

종말론과 관련하여서는 어느 정도 설명이 된 듯한데, 잘 이해하셨는지 모르겠네요. 끝으로 최후의 심판 이후에 의인들과 죄인들이 들어가게 될 최종 상태에 대해 살펴봅시다.

의인들과 죄인들이 들어갈 최종 상태는 어떤 모습일까?

요한계시록 21장과 22장에 보면, 말할 수 없는 죄인임에도 불구하고 예수 그리스도를 믿음으로 의롭다 함을 얻은 의인들은 새 하늘과 새 땅을 유업으로 받고 새 예루살렘성에서 살게 된다고 합니다. 이 새 예루살렘성에서 하나님과 구원받은 백성은 함께 거합니다.

우리가 가게 될 새 예루살렘성, 그곳에는 없는 것들이 있습니다. 바다가 없고, 눈물이 없고, 사망이 없고, 애통하는 것이나 곡하는 것이나 아픈 것이 다시 있지 아니합니다. 그와 더불어 새 예루살렘성에는 성전이 없습니다. 왜냐하면 주 하나님 곧 전능하신 이와 및 어린 양이 그 성전이시기 때문입니다. 새 예루살렘성에는 해나 달의 비췸이 쓸데없는데, 이는 하나님의 영광이 비취고 어린 양이 그 등이 되시기 때문입니다. 그곳에는 밤이 없으며, 속된 것이나 가증한 일 또는 거짓말하는 일이 없습니다. 그리고 다시 저주가 없습니다.

반면 새 예루살렘성에는 옛 하늘과 옛 땅에 없었던 것들이 있습니다. 그곳에는 생명수 강이 있고, 생명나무가 있고, 생명나무의 실과가 있습니다. 그리고 하나님과 그 어린 양의 보좌가 있습니다. 이곳에 거하는 구원받은 백성에게는 안식이 주어질 것입니다. 옛 하늘과 옛 땅에 사는 동안에는 끊임없이 세상의 유혹과 죄의 공격에 직면해야 하기에 완전한 안식을 누릴 수 없습니다. 그러나 이제 새 하늘과 새 땅에 있는 새 예루살렘성에서 우리 그리스도인들은 완전한 안식을 누리게 됩니다. 이 안식은 완전한 평화, 즉 샬롬이 지배하는 안식입니다. 여기서 샬롬은 모든 관계가 회복된 평강의 상태를 의미합니다. 하나님과 사람의 관계가 회복되고, 사람과 사람 사이의 관계가 회복되고, 자기 자신과의 관계가 회복된 상태입니다.

또 안식과 더불어 하나님의 백성은 아무 일도 하지 않고 그냥 게으르게 지내는 것이 아니라, 하나님을 섬기는 역동적인 일에 참여하게 될 것입니다. 요한계시록 22장 3절은 '그의 종들이 그를 섬긴다'고 합니다. 4절에서는 그의 종들이 '그의 얼굴을 볼 것'이라고 합니다. 이 말은 곧 하나님을 예배한다는 의미입니다. 우리는 새 예루살렘성에서 하늘에 속한 신령한 안식을 누리고, 하나님을 섬기는 일을 감당할 뿐 아니라 항상 하나님의 얼굴을 보며 그분을 예배하고, 찬양하며, 놀라운 기쁨과 희락의 삶을 살게 될 것입니다.

여러분도 잘 알고 있겠지만, 요한계시록 22장 5절은 "저희가 세세토록 왕노릇 하리로다"라고 증거합니다. 저도 정확하게 이 말뜻이 무엇인지 알 수 없지만, 분명한 것은 천국에서 우리 성도들은 만왕의 왕이신 하나님의 왕자요 왕녀들입니다. 따라서 하나님의 왕자들로서 하나님의 통치에 동참하는 것은 가능한 일이라고 생각합니다. 하지만 그 다스림의 모습이 구체적으로 어떤 모습일지는 알 길이 없습니다.

반면에 예수님을 믿지 않는 자들, 즉 구원받지 못한 사람들이 들어가게 될 불못은 성경이 정확히 말하고 있습니다. 요한계시록 20장 10절에 보면, 불못은 '세세토록 밤낮 괴로움을 주는 곳'이라고 합니다. 영원한 고통의 장소라고 보면 되겠지요. 21장 8절은 "불과 유황으로 타는 못"이 불못으로, 그곳에 참예하는 것이 둘째 사망이라고 합니다. 여기서 불과 유황으로 타는 못은 예수님께서 말씀하신 꺼지지 않는 불이 있는 지옥과 같습니다. 마가복음 9장 48, 49절을 읽어 봅시다.

"거기는 구더기도 죽지 않고 불도 꺼지지 아니하느니라 사람마다 불로서 소금 치듯 함을 받으리라."

이 말씀은 결국 불못에 들어가게 되면 죽고 싶어도 죽지 못하고 영원히 살아 있는 상태에서 영원토록 고통에 시달리는 형벌을 받게 된다는 뜻입니다.

여기서 또 기억해야 할 것은 이 불못에 들어가는 자들에 대한 묘사입니다. 요한계시록 21장 8절에는 "그러나 두려워하는 자들과 믿지 아니하는 자들과 흉악한 자들과 살인자들과 행음자들과 술객들과 우상숭배자들과 모든 거짓말하는 자들은 불과 유황으로 타는 못에 참예하리니 이것이 둘째 사망이라"라고 되어 있습니다. 21장 27절은 "무엇이든지 속된 것이나 가증한 일 또는 거짓말하는 자는 결코 그리로 들어오지 못하되"라고 하고 있고, 22장 15절에는 "개들과 술객들과 행음자들과 살인자들과 우상숭배자들과 및 거짓말을 좋아하며 지어 내는 자마다 성 밖에 있으리라"라고 합니다. 정리하면, 하나님의 거룩한 율법을 불순종하고 자기의 이기적인 욕망을 따라 산 사람들이 곧 불못에 들어가게 된다는 말씀이죠.

믿는 자들이 들어가게 될 새 예루살렘성과 믿지 않는 자들이 들어가게 될 불못의 차이를 분명하게 알고 그 불못의 두려운 상태에 대해서 알면, 우리는 복음을 전하는 일에 더 열심을 품고 헌신할 수 있습니다. 종말론에 대한 바른 지식은 우리가 복음의 증인으로서 살아가는 일에 본질적으로 중요합니다.

이상으로 종말론 강의를 마칩니다. 혹시 궁금한 것이 더 있으면 개인적으로 질문해 주시면 고맙겠습니다.

정 교수의 특강 정리 노트

● 중요 용어

종말론eschatology 인생의 종말과 역사의 종말을 다루는 조직신학의 한 분야. 인간의 죽음과 중간 상태, 예수님의 재림, 천년왕국, 최후심판, 천국 등의 주제를 다룬다.

휴거rapture 대다수의 세대주의자들의 견해로서 예수님이 대환난 직전에 공중으로 재림하시고, 교회는 공중으로 들어 올려진다는 내용. 복음주의자들 간에도 휴거의 유무에 대한 끝없는 논쟁이 있다.

천년왕국the millennial Kingdom 예수님이 재림하시기 전 또는 후에 이 땅에 세우실 왕국으로 예수님과 순교자들이 통치하는 평화와 번영의 시기를 말한다. 상실한 에덴동산을 회복하는 의미가 있다.

역사적 전천년설historial premillennialism 요한계시록 20장 4-6절에 나오는 천년왕국 사건을 문법적·역사적으로 해석하여 천년왕국이 이루어지기 전에 예수님이 재림하시며 성도들은 대환난을 통과한다는 견해.

무천년설^{amillennialism}　　　　　천년왕국은 역사 속에서 실제로 이루어지는 것이 아니라, 예수 그리스도가 영적으로 통치하시는 교회 시대가 곧 계시록이 말하는 천년왕국이라는 견해.

후천년설^{postmillennialism}　　　　　역사가 계속적으로 진보함으로써 역사의 마지막 기간 동안 평화와 복지의 천년 기간을 거친 후에야 예수님이 재림하신다는 견해.

● 토론 문제

1. 그리스도인들에게 생물학적인 죽음의 의미는 무엇일까요?
2. 오늘날 우리 주위에서 쉽게 발견할 수 있는 예수님의 재림의 징조들에는 어떤 것들이 있는지 이야기해 봅시다.
3. 예수님은 재림하신 후에 왜 천년왕국을 이 땅에 건설하시고 통치하실까요?
4. 예수님의 첫 설교에서 선포하신 '하나님의 나라'와 요한계시록 마지막에 나오는 '새 예루살렘성'은 어떤 관계에 있을까요?
5. 우리는 영원한 새 예루살렘에서 어떤 삶을 살게 될까요?

이단과 다른 종교들에 대하여

여러분, 안녕하세요? 여러분과 즐거운 조직신학 이야기를 하는 것도 이 시간이 마지막이네요. 그동안 제가 설명한 것들이 여러분의 삶에 얼마나 도움이 되었는지 궁금합니다. 학생들을 가르치면서, 사회생활을 하면서 신앙적으로 궁금한 것들이 있으면 연락 주십시오. 제 카페 주소 기억하시죠? 아직도 모르는 분들이 있는 것 같아 적어 드립니다.

"cafe.daum.net/profchung"

오늘은 여러분이 신앙생활을 하면서 자주 만나게 되는 이단과 다른 종교들에 대해서 알아보겠습니다.

이단과 사이비란?

한번은 제가 킹 칼리지에서 가르친 학생 가운데 아르헨티나에서 선교 훈련을 받고 돌아온 도로시 힐이 저를 찾아왔습니다. 미국에 있는 동안에는 듣지도 보지도 못한 괴상한 종파들이 아르헨티나에는 아주 많다면서, 그 종파가 이단인지 사이비인지 도무지 구별이 안 된다고, 신학적으로 이단과 사이비를 어떻게 정의하는지 그리고 이단과 사이비를 구별하는 기준이 무엇인지 물어 왔습니다. 그는 킹 칼리지를 수석으로 졸업한 뒤 아르헨티나에 선교훈련을 갔다가 곧 고든콘웰 신학교에서 목회학을 공부할 친구였습니다. 그런데도 이단과 사이비를 잘 구별하지 못하는 터에 일반 사람들은 어떻겠나 싶었습니다.

이 시간에는 우선 이단이 무엇인지부터 알아봅시다. '이단'異端이란 말의 문자적인 의미는 '뜻이 다르다'는 것입니다. 이단은 기독교의 정통교리와 근본 믿음을 부정하는 가르침, 즉 기독교의 정통교리를 부정하여 기독교권에서 벗어나 있는 가르침이나 단체를 의미합니다. 즉, 예수님이 유일한 구세주이자 주님이라는 사실, 예수님의 신성과 인성 그리고 그와 관련된 삼위일체 하나님을 믿지 않고 부정한다면 이단입니다. 아울러 성경만이 기록된 하나님의 말씀이라는 것을 부인하고 다른 책이나 경전을 하나님의 말씀으로 받아들인다면 이 역시도 이단입니다. 성경의 유일성 혹은 성경의 절대적 권위를 받아들이지 않을 경우 정통 기독교라고 보기 어렵지요.

한편 '사이비'似而非 종파는 이단보다는 덜 과격한 가르침입니다. 기독교적인 요소도 일부 포함하고 있지만 비기독교적인 요소도 많이 들어 있는 가르침이나 단체를 말합니다. 사이비는 '유사하지만 아닌 것'이란 뜻을 담고 있습니다. 다시 말해, 정통 기독교와 유사한 모습을 갖고 있긴 하지만 정통이 아닌 가르침이나 단체가 사이비죠.

그렇다면 이단과 사이비를 어떻게 구분해 낼 수 있을까요? 앞에서도 기독교의 정통교리와 근본 믿음에 속한 것이 무엇인지 이야기를 나누었지만, 이단과 사이비를 구별해 내는 기준은 세계의 모든 기독교회에서 고백하는 '사도신경' 그리고 그 사도신경과 함께 보편적인 기독교회의 공통 고백이 된 '니케아 신경'을 고백하느냐 아니냐입니다. 사도신경의 내용은 성부 하나님과 창조에 대한 믿음, 성자 예수님과 십자가 대속에 대한 믿음, 성령 하나님과 교회와 죄용서와 부활과 영생에 대한 믿음으로 요약할 수 있습니다. 이는 정통과 이단, 정통과 사이비를 구별해 주는 좋은 기준입니다.

니케아 신경과 사도신경은 내용 면에서 크게 다르지 않지만, 그 강조점은 다릅니다. 니케아 신경은 예수님의 신성을 거부하는 아리우스주의자들에 대한 반박의 형식으로 고대 공교회가 공동으로 채택한 신경이어서 예수님의 신성을 매우 강조하고 있습니다. 물론 신성과 더불어 인성도 강조하고 있지요. 그러니까 사도신경을 근간으로 하되, 니케아 신경의 근본 취지인 예수님의 신성과 인성에 대한 고백이 포함되어 있느냐 없느냐에 따라 정통과 이단 그리고 정통과 사이비를 구별할 수 있습니다. 그렇다고 신경들을 성경만큼 권위가 있는 것으로 생각해서는 안 됩니다. 니케아 신경은 로마 가톨릭, 그리스 정교회, 개신교 등이 모두 받아들이고 고백하고 있지요.

 이단과 사이비를 구별해 내는 것은 이제 좀 알겠습니다. 그런데 어떤 이단들과 사이비 교파들을 조심해야 할지 가르쳐 주십시오.

조심해야 할 이단과 사이비

우리가 가장 흔히 접할 수 있는 이단은 '여호와의증인'입니다. 세계 곳곳에 퍼져 있고, 우리나라에도 꽤 많이 확산되어 있는 걸로 알고 있습니다. 그들은 현재 가장 빨리 성장하는 이단 종파 가운데 하나입니다. 여호와의증인의 가장 큰 특징은 66권 성경에 대한 절대적 믿음과 문자주의적 해석입니다. 성경에 대한 절대적 믿음은 어찌 보면 좋은 점일 수도 있으나 그들이 말하는 입장이 우리가 믿는 정통교리와 다릅니다. 그들을 이단으로 규정할 수 있는 가장 근본적인 이유는 예수님을 하나님과 동등한 신적 본성을 가진 하나님의 아들로 믿는 것이 아니라 가장 탁월한 피조물 혹은 인간으로 믿는 데 있습니다. 즉, 예수님의 신성을 거부하고 여호와 유일신 사상을 그들의 핵심 교리로 가르칩니다.

여호와의증인들은 성령님에 대해서도 인격적인 분이자 하나님으로 믿는 것이 아니라, 여호와가 가지고 있는 비인격적인 활동력으로 믿고 있습니다. 물론 삼위일체도 받아들이지 않습니다. 이뿐만 아니라 구원관에서도 큰 문제를 가지고 있습니다. 여호와증인들은 오직 믿음으로 구원받는다는 복음의 원리를 거부하고 인간의 선행과 공로로 구원받는다고 가르칩니다.

또 요즘 전 세계적으로 세력을 확장하고 있는 종파가 '몰몬교'입니다. 우리나라에서도 젊고 잘생긴 청년들이 길거리를 돌아다니며 몰몬교를 전하는 모습을 자주 볼 수 있습니다. 이미 미국에만 5백만 정도의 신도가 있고 전 세계적으로 천만이 넘는 신도를 자랑합니다. 몰몬교는 미국적 민족주의를 표방하는 종교로서 '말일성도예수그리스도교회'라는 공식 명칭과 같이 예수님을 그 중심으로 표방하기 때문에 많은 사람들이 미혹되고 있습니다.

이들은 성부 하나님께도 몸이 있으며, 사람의 운명은 성부 하나님처럼 되는 것이라고 가르칩니다. 삼위일체론도 받아들이지 않고, 성부·성자·성령을 삼신론적으로 이해합니다. 그리고 구원관도 크게 다릅니다. 그들은 예수님의 십자가의 대속으로 모든 사람에게 무차별적으로 영원불멸성immortality이 주어졌다고 믿습니다. 그러나 이 영원불멸성은 구원받은 단계 가운데 최하의 단계입니다. 이 단계에서 최상의 단계인 하나님 아버지의 경지까지 올라가는 것은 오직 인간의 선행과 공로에 의해서 결정된다고 가르칩니다. 또 성경관과 계시관에도 문제가 많은데, 우선 성경만이 하나님의 말씀이라는 기독교의 근본 교리를 받아들이지 않고, 몰몬교의 창시자 조지프 스미스Joseph Smith, 1805-44가 하나님께 계시로 받았다고 하는 '몰몬경'을 성경보다 더 신봉합니다. 동시에 하나님께서 구약의 선지자들과 신약의 사도들 그리고 그분의 아들 예수 그리스도를 통해서 온전한 계시를 주셨다는 것을 부인하고, 지금도 몰몬교는 하나님께 계속적인 특별 계시를 받고 있다고 주장합니다. 다시 말해, 성경이나 몰몬경보다 현재 받고 있다고 주장하는 계시가 가장 높은 권위를 갖고 있습니다.

셋째로 우리나라에서 시작되어 오늘날 미국에서도 큰 세력을 얻어 가고 있는 '통일교' 역시 이단입니다. 통일교는 기독교의 근본 교리인 예수 그리스도의 신성과 인성, 예수 그리스도의 유일성, 하나님의 삼위일체성, 성경의 신적 권위 등을 부인합니다. 통일교의 문선명 교주는 자신이 곧 메시아, 재림주라고 주장합니다. 또 그들에게도 성경 이외의 다른 경전, 즉 '원리강론'이 있는데 성경과 모순되는 가르침으로 가득 차 있습니다. 특히 통일교의 타락론과 구원론은 성경에서 완전히 이탈된 거짓 가르침입니다. 그런데 이런 통일교가 미국에서 꽤 세력을 확장하고 있습니다. 세계 곳곳에 있는 통일교도들의 헌금을 모아서 미국 내에 여러 기업과 언론사들을 사들이고 있고, 한국에서도 큰 기업들을 통일교가 소유하고 있습니다.

여호와의증인, 몰몬교, 통일교 이외에도 우리나라에는 수많은 이단들과 사이비들이 존재합니다. 대표적인 것이 정명석 교주를 중심으로 한 'JMS그룹' 입니다. JMS그룹은 애천교, 기독교복음선교회, 국제크리스천연합 등의 이름으로도 불립니다. 정명석은 통일교 교주 문선명의 문하생이었던 것으로 알려져 있는데, '30단계' 라는 성경공부 과정을 거치면 이 그룹의 멤버가 됩니다. 생물학적 죽음 이후의 영원한 삶과 예수 그리스도가 유일한 구세주이심을 부인하고, 정명석을 재림주로 믿습니다. 요즘 우리나라의 많은 젊은이들이 JMS그룹에 현혹되고 있습니다. 정명석 교주는 여신도들과의 성적 스캔들로 매스컴에 자주 오르내린 바 있습니다. 이 그룹에서는 꿈이나 환상으로 천사와 영계를 보는 등 신비한 일들이 많이 일어납니다. 그래서 더 많은 사람들이 쉽게 현혹되고 있습니다.

또 다른 이단 그룹으로 박옥수, 권신찬, 이요한, 유병언 목사들을 중심으로 한 '구원파' 가 있습니다. 구원파는 사람이 몇 날 몇 시에 구원을 받았는지 반드시 알아야 한다고 주장합니다. 그래서 어떤 사람이 자기가 구원받은 시간을 정확하게 알지 못하면 아직 구원받지 못했다고 주장합니다. 또 한 번 구원받은 사람은 그 이후에 지은 죄에 관계없이 구원을 받는다, 예수님을 믿고 난 이후에 지은 죄에 대해서는 회개하거나 자백할 필요가 없다고 주장합니다. 하지만 기억해야 할 것은 예수님께서는 한 번 목욕한 자는 발만 씻으면 된다고 말씀하심으로써 반복적인 회개와 자백의 삶을 가르치셨습니다.

구원파의 주장대로 하면 우리가 매일 혹은 매주 외우며 기도하는 주기도문조차도 그 의미를 상실하게 됩니다. 왜냐하면 주님께서는 "우리가 우리에게 죄 지은 자를 사하여 준 것같이 우리의 죄를 사하여 주옵시고"라고 기도하라고 가르치셨기 때문입니다. 구원파는 여러 면에서 교회 역사상 율법폐기론자 또는 도덕폐기론자로 정죄되었던 사람들의 후예라고 보면 됩니다.

성경은 구원의 시기에 대해서 알라고 명령한 적이 없으며, 오히려 우리가 구원받은 시기는 근본적으로 성령님의 신비에 속한 일이라고 가르칩니다. 또한 구원받은 이후의 삶이 성경이 구원받은 자에게 요구하는 삶의 모습과 일치하지 않는다면, 구원받지 못했을 가능성이 높다고 가르칩니다. 왜냐하면 행함이 없는 믿음은 죽은 믿음이기 때문이지요. 그리고 예수님을 믿고 구원을 받은 사람일지라도 매일의 삶 속에서 죄를 지을 수 있으며, 그러한 죄를 반복적으로 회개하고 자백할 것을 성경은 가르칩니다.

최근 한국 사회에 등장한 어떤 교파들 중에 이단과 사이비들이 많이 있습니다. 제가 구체적으로 설명드릴 시간이 없는 관계로 이름만 거명하고 넘어가겠습니다. 이재록의 만민중앙교회파, 김기동의 베뢰아 혹은 성락교회파, 이초석의 예루살렘교회파, 이명범의 레마선교회파, 류광수의 다락방파, 이만희의 신천지파 등입니다. 이들 이단과 사이비 교파들의 특징은 기독교의 정통교리를 배척하고, 성경만이 하나님의 말씀임을 거부하며, 예수 그리스도가 유일무이한 주님이요 구세주임을 배격합니다. 그리고 예수 그리스도의 십자가 대속을 부인하며, 교주들을 우상화하거나 신격화합니다.

우리는 우리 자신들이 이단과 사이비에 현혹되지 않도록 조심할 뿐 아니라, 다른 사람들이 이단과 사이비에 넘어가지 않도록 잘 가르치고 인도해야 할 책임이 있습니다. 이단과 사이비에 넘어간 많은 사람들의 영혼이 피폐해지며 가정이 파괴되기 때문입니다. 이단과 사이비는 사회 질서를 어지럽히고, 공공에 많은 해악을 가져다줍니다. 그러므로 우리는 무엇보다 성경적인 복음 진리와 정통교리로 무장해야 합니다. 그리고 교회교육을 통하여 성경적인 복음 진리와 정통교리를 성도들에게 널리 가르쳐야 합니다. 그런 의미에서 이번에 함께한 조직신학 특강은 저나 여러분에게 큰 의미가 있습니다.

다른 종교들에 대한 그리스도인의 바른 태도

21세기 포스트모던 시대를 살아가는 그리스도인들에게 다른 종교의 문제는 매우 중요한 이슈가 아닐 수 없기에, 이제부터는 세계의 다른 종교들에 대해서 우리 그리스도인들이 어떤 태도를 가져야 하는지 말씀드리겠습니다. 저는 우선 다른 종교들과 기독교의 관계에 대하여 네 가지 접근이 가능하다고 봅니다.

첫째, 기독교만이 절대 유일한 종교이기 때문에 다른 종교와는 분리적이고 정죄적인 태도를 취하는 접근이지요. '특수주의'particularism 또는 '배타주의'exclusivism가 이에 해당합니다. 저는 이 특수주의와 배타주의를 일리 있는 접근으로 봅니다. 왜냐하면 어떤 상황에서도 기독교 진리의 절대적 유일성은 수호되고 변호되어야 하니까요. 하지만 배타주의가 우리 그리스도인이 택할 수 있는 온전한 길이라고는 생각지 않습니다. 기독교의 유일성을 너무 극단적으로 강조하다 보면, 다른 종교에 속한 사람들에 대한 관심과 사랑이 설 자리를 잃게 될 가능성이 매우 높기 때문입니다. 결국 기독교 복음의 절대적 진리성을 주장하면서도 다른 종교에 속한 사람들에 대한 사랑과 관심을 동시에 강조할 수 있는 접근이 필요합니다.

둘째, 본질 면에서 다른 종교들도 기독교와 같지만 그 형식이 다르다고 보는 '포용주의'inclusivism입니다. 다른 종교들도 기독교의 일파로서 포용되어야 한다는 관점이지요. 이 관점을 주창한 신학자는 20세기 로마 가톨릭 신학을 대표하는 칼 라너Karl Rahner, 1904-84로서 '익명의 그리스도인' the anonymous Christian이라는 말을 만들어 냈습니다. 익명의 그리스도인이란, 예를 들어 어떤 불교도가 자신이 믿고 있는 불교적 신앙에 신실하게 정진하고 있다면 그 사람은 자신이 그리스도인이라는 사실을 알지 못할 뿐 실제로는 그리스도인이라는 말입니다. 그러니까 그리스도인이라고 이름 붙여지지는 않았지만 신실한 불교도는 본질상 그리스도인과 같다는 뜻이죠. 라너는 이 원리를 확대해서 신실한 유대교도, 신실한 이슬람교도, 신실한 힌두교도 등도 모두 익명의 그리스도인으로 인정하고 포용해야 한다고 주장했습니다.

로마 가톨릭교회가 공식적으로 라너의 입장을 수용한 것은 아니지만 가톨릭 내에 있는 많은 신학자들이 라너의 관점을 지지합니다. 특히 개신교도들에게도 꽤 영향을 미치고 있는 한스 큉Hans Küng 신부는, 라너만큼 노골적이지는 않으나 그래도 다른 종교들 속에도 본질상 기독교적 요소가 내재해 있다고 주장해 왔습니다.

그렇다면, 우리 복음주의자들은 이 관점을 어떻게 보아야 할까요? 라너의 익명의 그리스도인 사상은 상당히 창조적인 것임에 분명하지만 성

경의 가르침과 일치하지 않는 점이 근본적인 결함입니다. 그리고 포용
주의는 지나치게 다른 종교를 기독교와 동일시하는 오류를 범하고 있습
니다.

> 그렇지만 기독교와 다른 종교 사이에 어떤 접촉점이 있다는 것은 부
> 인하기 어려운 것 아닌가요? 기독교가 살인을 금하고 있듯이 이 세상
> 의 거의 모든 종교들도 살인을 금하고 있습니다. 이외에도 간음이나
> 도둑질, 위증이나 탐심 등 십계명이 금하고 있는 것들을 다른 종교들
> 도 금하고 있지 않습니까?

그렇지요. 그러니까 기독교와 다른 종교들은 근본적으로 화해
할 수 없는 차이점들을 가지고는 있지만, 그럼에도 불구하고 어떤 공통
점 또는 접촉점도 존재함을 부인할 수 없는 거 아니냐는 말씀이군요? 저
도 그렇게 생각합니다. 지금 말씀드리려는 셋째 접근이 바로 기독교와
다른 종교 간의 접촉점이 있음을 인정하는 '선교적 접근' 입니다.

이것은 특히 제 지도교수인 알리스터 맥그래스가 주창하는 접근으로
서, 그는 우리 그리스도인들이 다른 종교나 종교인들에 대하여 가져야
할 기본적인 태도를 선교적 태도라고 주장합니다. 즉, 모든 다른 종교인
들을 잠재적인 선교 대상으로 봅니다. 그리고 선교를 효과적으로 하기
위해서 우리 그리스도인들은, 다른 종교들을 정죄하기 이전에 먼저 이
해하기 위해 노력해야 하고 그런 이해의 과정에서 기독교와 다른 종교
들 간의 공통점을 찾아내야 한다고 주장하지요. 이 공통점을 맥그래스
교수는 '접촉점'point of contact이라고 부릅니다.

접촉점이 중요한 이유는, 기독교와 다른 종교들은 너무 다르기 때문

에 대화를 위해 '공통 기반'이 필요한데 바로 이 접촉점들이 그런 역할을 할 수 있다는 겁니다. 우리 그리스도인들은 기독교와 불교 또는 기독교와 이슬람 사이의 접촉점을 확인하고, 그 접촉점을 활용해서 다른 종교인들과 대화를 시작하며, 결국 이런 대화를 통해서 복음을 매력적으로 전할 수 있다는 뜻입니다.

마지막 접근은 우리 복음주의자들이 결코 받아들일 수 없는 입장인 '종교 다원주의'입니다. 종교 다원주의에 대해서는 다른 접근법보다 좀 더 자세히 설명해 드리겠습니다.

종교 다원주의, 어떻게 보아야 할까?

종교 다원주의는 모든 종교가 절대적인 진리와 구원에 이르는 동등한 길이라는 이념입니다. 달리 표현하자면, 모든 종교는 기본적으로 동일한 것을 가르친다는 주장입니다. 이 주장을 내세우는 사람으로는 영국 출신의 종교철학자 존 힉^{John Hick}이 있습니다. 그는 본래 영국의 장로교 출신 종교철학자인데, 인도에 가서 힌두교를 접하고 난 뒤에 모든 종교는 동등하다는 주장을 하게 되었습니다.

존 힉은 신학의 '코페르니쿠스 혁명'^{Copernican Revolution}을 말합니다. 코페르니쿠스라는 천문학자가 모두들 '지구 중심설'을 주장하는 가운데 '태양 중심설'을 주창한 이래 뭔가 혁명적 대전환을 말할 때 쓰는 '코페르니쿠스 혁명'이라는 용어를, 존 힉은 자신의 종교 다원주의 이념에 적용하였습니다. 그의 주장은 과거에는 다른 종교들이 기독교를 중심으로 돌아간다는 기독교 중심설이 지배했지만, 이제부터는 신神 중심설로 바

꿰어야 한다는 겁니다. 다시 말해, 궁극적 실재인 신을 중심으로 기독교를 포함한 모든 종교가 돌고 있다는 것이지요. 말하자면 이슬람교, 힌두교, 불교 그리고 기독교 등 모든 종교가 궁극적 실재인 신을 추구하는 대등한 길이고, 신은 이 모든 종교 속에서 자신을 드러내고 계시한다는 주장입니다.

복음주의자들이 힉의 주장을 받아들일 수 없는 이유는, 힉이 주장하는 궁극적 실재 또는 신이 우리 그리스도인들이 믿고 경외하는 하나님은 아니기 때문입니다. 우리 그리스도인들이 믿고 경외하는 하나님은 우리의 주님이자 구세주이신 예수 그리스도의 아버지 하나님이십니다. 그 말은 결국 우리 기독교가 믿고 경외하는 하나님은 예수 그리스도를 떠나서는 결코 이해되거나 경배될 수 없는 분이라는 뜻이지요. 이를 좀 더 신학적으로 설명한다면, 우리 그리스도인들이 믿고 경외하는 하나님은 예수 그리스도를 그분의 아들로 두신 하나님, 결국에는 삼위일체적인 하나님이시라는 말입니다.

종교 다원주의자들이 말하는 궁극적 실재 또는 신을 받아들이면 기독교의 근본 교리인 예수 그리스도의 신성, 하나님의 삼위일체성이 무너지고, 그것은 결국 기독교의 정체성 자체를 파괴해 버리는 것과 같습니다. 그러므로 기독교인들이 종교 다원주의자가 된다는 것은 결국 기독교를 버리고 다른 종류의 이데올로기를 받아들이는 것입니다. 따라서 기독교를 기독교대로 믿는 그리스도인과 기독교의 본래적 정체성을 거부하고 종교 다원주의를 신봉하는 사람 사이에는 건널 수 없는 무한한 간격이 존재할 수밖에 없습니다. 결론적으로 그리스도인이 되거나 종교 다원주의자가 되거나 둘 중 하나를 선택할 수밖에 없는 거지요. 그리스도인이면서 종교 다원주의자가 될 수는 없습니다.

존 힉이 자신을 그리스도인이라고 소개하는지는 잘 모르겠지만, 제가 볼 때 그는 이미 그리스도인이 아닙니다. 그리스도에 대한 믿음과 종교 다원주의에 대한 신봉은 결코 양립할 수 없기 때문입니다. 그리스도인에게 종교 다원주의를 받아들이라고 요구하는 것은 사람의 머리를 자르고 심장을 빼놓고서 살라고 요구하는 것과 마찬가지입니다.

 그런데 왜 종교 다원주의자들은 모든 종교가 기본적으로 동일한 것을 가르친다고 믿을까요?

아마 그것은 윤리·도덕적 관점에서 볼 때, 거의 모든 종교가 비슷한 요구를 하고 있기 때문인 것 같습니다. 특히 모든 종교가 살인을 금하거나 도둑질을 금하거나 간음을 금하고 있다는 사실은, 모든 종교가 가르치고자 하는 것이 결국 동일하다는 인상을 줍니다. 하지만 그것은 지나치게 피상적으로 종교들의 겉모습만을 보고 내린 결론입니다. 윤리·도덕적인 면에서 기독교는 다른 종교들과 비슷한 점을 가지고 있을지 몰라도 기독교의 심장은 윤리·도덕적 가르침이 아닙니다. 결국 각 종교의 심장을 파헤쳐 보기 시작하면 겉으로 보기에 매우 유사해 보이는 종교들이 얼마나 근본적으로 다르고 서로 모순되는 진리를 믿고 있는지 발견할 수 있습니다.

기독교의 심장은 죄인을 구원하시기 위해서 자신을 희생하시는 하나님의 거룩한 사랑인 반면, 불교의 심장은 자신을 업보로부터 해방시키기 위한 자기 수행입니다. 이슬람교의 심장은 알라에 대한 절대 굴복과 인간의 노력을 통한 구원이고요. 그렇기 때문에 자기 종교를 절대적인 진리로 받아들이는 이슬람교도나 힌두교도들에게 너희들이 절대 진리

라고 신봉하는 너희 종교를 버리고 종교 다원주의를 받아들이라고 요구
한다면, 이는 또 하나의 제국주의적 세력으로 보일 수밖에 없습니다. 특
히 이슬람교 근본주의자들의 관점에서 종교 다원주의는 기독교와 이슬
람교의 근원적인 차이를 무시해 버리려고 하는 폭력적인 이데올로기에
불과한 것이지요.

우리 그리스도인들뿐만 아니라 신실한 이슬람교도나 힌두교도들에게
종교 다원주의는 또 하나의 새로운 종교나 이데올로기일 뿐이지, 절대
적인 수용이나 헌신의 대상이 될 수 없습니다.

 이제 종교 다원주의가 무엇이고, 그것의 문제점이 무엇인지 확실하
게 알았습니다. 마지막으로 기독교와 다른 종교들을 비교하면서 유사
점과 차이점을 정확히 짚어 주시면 고맙겠습니다.

기독교와 다른 종교들, 무엇이 같고 무엇이 다른가?

우선 불교와 기독교를 비교해 드리겠습니다. 불교는 절대적이고 인격
적인 신의 존재를 믿지 않기에 '비유신론적' non-theistic 또는 '무신론적' atheis-
tic 종교라고 말할 수 있습니다. 이는 기독교와 불교의 가장 큰 차이점이
죠. 그리고 불교는 긍정적인 인간관을 갖고 있어서 인간이 스스로의 힘
으로 종교가 지향하는 궁극선을 이룰 수 있다고 믿고 있습니다. 우주관
에서도 불교는 우주의 시작과 끝이 있다고 보지 않고 이 우주가 누군가
에 의해서 창조되었다고도 보지 않습니다. 우주는 영겁의 세월 이전부
터 또 이후까지, 있는 그대로 존재해 왔고 계속 그렇게 존재할 것이라고

봅니다. 역사관도 직선적인 역사관이 아니라 순환적인 역사관입니다. 그럼에도 기독교와 불교 사이에 무시할 수 없는 접촉점이 있는 것도 사실입니다. 불교의 구원관을 간추린 '사성제'四聖諦를 살펴보면, 기독교와 불교 사이에 어떤 접촉점들이 있는지 확인할 수 있습니다.

사성제의 첫째는 인생은 '고'苦라는 겁니다. 여기서 '고'는 고난이나 고생만을 뜻하는 것이 아니라, 인생의 유한함, 덧없음, 무상, 무의미, 인생의 좌절과 절망과 한탄과 저주스러움 등을 포괄합니다. 인생의 무상함과 절망스러움에 대한 통찰은 죄의 결과로서 만유를 지배하고 있는 허무함, 썩어짐, 탄식, 고통에 대한 기독교적 통찰롬 8:20-22과 일맥상통합니다.

둘째는 이 인생의 고통이 세상에 대한 애착과 집착에서부터 기인한다는 가르침입니다. 성경도 세상을 사랑하지 말라고 경고하고 있고, 육신의 소욕이 우리를 고통으로 몰아간다고 가르칩니다.

셋째는 인간이 고통에서부터 해방되는 길은 이 집착과 애착과 욕심을 제거하는 것이라는 가르침입니다. 이 역시도 성경의 가르침과 유사합니다. 성경도 육신의 소욕을 따르는 몸의 행실을 성령의 능력으로 죽이면 살게 된다고 말합니다롬 8:13.

넷째는 이 집착과 욕망을 멸하는 길은 '팔정도'八正道를 실천하는 수행의 길이라는 가르침인데, 이것은 기독교의 입장과 다릅니다. 기독교는 철저히 인간의 선행이나 공로나 수행을 거부하는 구원관으로서, 구원은 하나님께서 은혜로 거저 값없이 주시는 하나님의 선물이라고 믿기 때문입니다. 만일 불교가 말하는 열반이 팔정도를 수행해서 성취할 수 있는 어떤 단계라면 그것은 우리 기독교가 말하는 영생과 구원의 단계와는 비교될 수조차 없는 것입니다.

아울러 불교는 인간을 창조하시고 인간에게 어떤 의무를 요구하시는 하나님의 존재를 믿지 않기 때문에 하나님의 법을 어기는 인간의 죄 그리고 그 죄로 인한 하나님과 인간의 관계가 깨어짐에 대해서 사실 무지할 수밖에 없습니다. 그러다 보니 죄의 결과가 결국 욕심과 집착과 고통의 열매를 맺는다는 것을 볼 수 없지요. 그리고 그 죄가 너무도 엄청나서 인간의 노력으로는 결코 해결할 수 없기에 하나님이 개입하셔서 은혜로 그 문제를 해결해 주셔야 한다는 것도 알 수 없습니다. 따라서 기독교와 불교 사이에 어떤 접촉점이 있음을 부인할 수는 없지만, 불교와 기독교는 하늘과 땅 차이만큼 다르다는 사실도 부인할 수 없다는 것이 제 결론입니다.

이제는 이슬람교에 대해서 설명하겠습니다. 우리나라에서는 이슬람교도들을 만나기가 흔치 않지만 미국만 해도 종종 볼 수 있습니다. 이슬람교는 유대교를 그 뿌리로 한다는 점에서 기독교와 비슷한 면이 있습니다. 유일신을 믿는 것도 그렇고. '이슬람'이라는 말은 '굴복'surrender이라는 뜻으로 알라신에 대한 절대 복종을 강조합니다. 이는 순종을 강조하는 유대교나 기독교와 유사합니다. 또 예수님을 하나님의 아들로 믿지는 않지만, 마호메트 다음 서열에 해당하는 위대한 선지자로는 인정하고 있지요. 그리고 우리가 믿음의 조상으로 믿고 있는 아브라함을 자신들의 믿음의 조상으로 인정합니다. 이슬람교도들은 자신들이 아브라함의 장자 이스마엘의 적법한 후손이라고 주장하고, 자신들이 섬기는 알라신이 바로 아브라함이 섬긴 참 신이라고 합니다. 그리고 무엇보다 중요한 사실은 그들이 구약성경의 일부를 그들의 정경으로 받아들이고 있다는 사실이지요.

그런데 이슬람교와 기독교 사이에 가장 큰 차이점은 이슬람은 마호메

트를 알라신이 보낸 최대의 선지자로 보고, 마호메트가 알라신에게 받은 계시를 기록했다는 '코란'을 알라신의 말씀으로 본다는 점입니다. 이 근본 차이에서 구원에 대한 다른 이해가 기인합니다. 그들은 유대교나 다른 종교들과 유사하게 인간의 선행과 공로를 통한 구원을 가르칩니다. 그래서 최후의 심판 날에 어떤 사람이 행한 선한 일과 악한 일을 저울에 달아 보고, 그 결과 선한 일 쪽으로 기울어질 경우에는 구원을 받지만 악한 일 쪽으로 기울어질 경우에는 지옥에 간다고 가르칩니다. 결국 기독교가 말하는 오직 하나님의 은혜로 말미암은 구원, 하나님의 값없이 거저 주시는 은혜의 선물로서의 구원과는 거리가 먼 구원관을 가지고 있는 셈이죠.

언뜻 볼 때, 이슬람교와 기독교 사이에 많은 유사점이 있어 보이지만, 그 심장을 파헤쳐 보면 결국 하늘과 땅 만큼이나 큰 차이가 있습니다. 구원관만 아니라 예수님에 대한 이해 자체가 완전히 다릅니다. 그들은 예수님이 하나님의 아들임을 완전히 부인합니다. 예수님이 십자가에 달려 희생제사의 죽음을 맛 보셨다는 사실, 죽은 지 사흘 만에 부활하셨다는 사실을 결코 믿지 않습니다. 기독교 복음의 핵심인 예수님의 십자가와 부활 사건을 받아들이지 않으므로 기독교와 이슬람은 겉으로 보이는 유사점에도 불구하고 근본적으로 완전히 다른 종교인 것입니다.

그럼에도 불구하고 우리 그리스도인들은 기독교와 불교, 기독교와 이슬람교 사이에 있는 유사점을 접촉점으로 활용해서 불교도들과 이슬람교도들과 대화를 할 수 있으며, 그런 대화를 통해서 그들을 예수님께로 인도할 수 있습니다. 너무도 다른 것을 믿고 있기에 공통점을 찾는 일이 쉽지는 않지만, 타종교인들에게 사랑과 관심을 갖는다면 적게나마 의미 있는 접촉점을 발견할 수 있을 것입니다.

우리는 이러한 접촉점을 활용하여 다른 종교인들과 대화해야 합니다. 그리고 그 대화의 목적은 전도와 선교가 되어야 합니다. 어떤 종교의 신봉자이든 상관없이 모두 자신의 죄악 된 삶을 회개하고 예수 그리스도의 십자가 공로를 믿어야 참된 구원을 받을 수 있기 때문입니다.

만일 우리 그리스도인들이 우리가 믿는 하나님만이 참되고 우리가 받은 구원만이 참되다는 생각으로 다른 종교인들을 향한 전도의 의무를 게을리 한다면 그것은 우리 자신이 예수님의 명령에 순종하고 있지 않음을 의미합니다. 예수님께서는 우리에게 두 가지 중요한 명령을 주셨습니다. 하나는 "내가 너희를 사랑한 것같이 너희도 서로 사랑하라"는 윤리적 명령이고, 또 다른 하나는 "모든 족속으로 제자를 삼으라"는 선교적 명령입니다. 우리가 기독교와 다른 종교 간의 접촉점들을 확인하고 사용해서 타종교인들과 대화하고 그들에게 예수 그리스도의 복음을 증거하는 것은 주님께서 우리에게 주신 사랑의 명령과 선교의 명령에 순종하는 아름다운 행위임을 꼭 기억해야 합니다.

그렇기 때문에 우리는 다른 종교들을 이해하려는 노력을 게을리 할 수 없고, 타종교인들에게 복음을 변증하고 전하는 일에 나태할 수 없습니다. 또 바로 그 이유 때문에 현대 조직신학에서는 다른 종교들에 대한 신학적 분석과 평가를 반드시 포함하고 있는 것입니다.

이제 조직신학 특강이 막을 내립니다. 그동안 열심히 강의에 참여해 주시고 중요한 질문들을 제기해 주신 여러분께 감사를 드립니다. 이번 특강이 예수 그리스도의 복음 진리와 기독교의 정통교리에 대한 더 넓고 깊은 이해를 얻을 수 있는 기회가 되었기를 간절히 바랍니다.

정 교수의 특강 정리 노트

이단^{heresy}   기독교의 정통으로부터 벗어난 교회
나 교파를 말한다. 보통 삼위일체 하나님, 예수 그리스도의 신성과
인성, 예수 그리스도의 십자가의 대속과 부활, 성경만이 하나님의
말씀임을 거부하고, 성경을 잘못 해석하여 진리에서 벗어난 가르침
을 주장한다. 또 창시자나 교주를 우상화하거나 신격화한다.

배타주의^{exclusivism}   기독교만이 절대 진리라고
믿어 다른 종교들에 대해서 배타적이고 정죄적인 태도를 취하는 입
장.

포괄주의^{inclusivism}   다른 종교들이 외견상으로
만 기독교와 다를 뿐, 내면적으로 기독교와 동일한 진리를 포함하
고 있기 때문에 기독교의 일파로서 포용해야 한다는 입장. 칼 라너
가 대표적인 주창자이다.

종교 다원주의^{religious pluralism}   모든 종교는 기본적으로 동일한 것을
가르치며 궁극적인 진리와 구원에 이르는 동등한 길이라는 주장으
로, 예수 그리스도와 기독교 신앙의 유일성을 배격한다. 영국 출신
의 존 힉이 대표적인 주창자이다.

접촉점^{point of contact}   기독교와 다른 종교들 사이
에 있는 유사점으로서, 그리스도인들이 타종교인들에게 복음을 전
할 때 대화의 출발점으로서 사용할 수 있다.

토론 문제

1. 이단과 사이비를 구별해 주는 기준에는 어떤 것들이 있습니까?
2. 이단과 사이비에 속한 사람들에 대해서 우리는 어떤 태도를 취해야 할까요?
3. 이단에 속한 사람들을 어떻게 참된 복음 신앙으로 돌이킬 수 있을지 이야기해 봅시다.
4. 기독교인으로서 다른 종교들에 대하여 가져야 할 바른 자세는 무엇입니까?
5. 종교 다원주의의 근본 오류들은 무엇입니까?
6. 기독교와 유교, 기독교와 힌두교 사이에는 어떤 접촉점들이 있을까요?

10시간 만에 끝내는

스피드 조직신학

The Systematic Theology Made Easy

지은이 정성욱
펴낸곳 주식회사 홍성사
펴낸이 정애주
국효숙 김의연 박혜란 송민규 오민택 임영주 차길환

2005. 9. 14. 초판 발행 2025. 4. 15. 37쇄 발행

등록번호 제1-499호 1977. 8. 1.
주소 (04084) 서울시 마포구 양화진4길 3
전화 02) 333-5161 팩스 02) 333-5165
홈페이지 hongsungsa.com 이메일 hsbooks@hongsungsa.com
페이스북 facebook.com/hongsungsa
양화진책방 02) 333-5161

ISBN 978-89-365-0227-0 (03230)